Burgdorf · Comics im Unterricht

Paul Burgdorf

Comics im Unterricht

Beltz Verlag · Weinheim und Basel 1976

CIP-Kurztitelaufnahme der Deutschen Bibliothek

Burgdorf, Paul
Comics im Unterricht. – Weinheim, Basel : Beltz, 1976.
(Beltz-Praxis)
ISBN 3-407-62005-5

Gesamtherstellung: Beltz, Offsetdruck, 6944 Hemsbach über Weinheim
Printed in Germany

ISBN 3 407 62005 5

Inhaltsverzeichnis

1. **Einleitung** 7

2. **Geschichte der Comics** 9
2.1. Ursprung und Anfang der Comic strips 9
2.2. Die Entwicklung der Comics in den USA 11
2.3. Die Comics in Europa 29
2.4. Standortbestimmung der Comics in der heutigen Gesellschaft 36

3. **Eine Analyse der Comics** 45
3.1. Soziologische Analyse der Comics 45
3.2. Psychologische Aspekte der Comics 56

4. **Didaktische Analyse** 61
4.1. Kinder und Comics 61
4.2. Comics in der pädagogischen Literatur 65
4.2.1. Einfluß der Comics auf die Lesefähigkeit der Schüler . . 66
4.2.2. Bedeutung der Comics für die geistige Abstraktionsfähigkeit der Schüler 68
4.3. Möglichkeiten, Comics in den Unterricht einzubeziehen . 69

5. **Versuche, Comics unterrichtlich auszuwerten** 73
5.1. Die Unterrichtsversuche 73
5.1.1. Die Kinder beschreiben eine beliebte Comic-Figur im Aufsatz 73
5.1.2. Merkmale der Comics 75
5.1.3. Der Pantomimen-Comic 80
5.1.4. Der Witz-Comic mit Sprechblase 84
5.1.5. Der Abenteuer-Comic 88
5.1.6. Gruppenunterricht 93

5.1.7. Versprachlichung eines Comics 102
5.1.8. Comics im Geschichtsunterricht 104
5.2. Stellungnahme zum durchgeführten Unterricht 105

6. Zusammenfassende Wertung und Schlußüberlegung . . . 107

7. Anmerkungen 111

8. Anhang 127
Anlage I: Angefertigte Tabelle zu Comics 129
Anlage II: Der Comic „Ferd'nand" (ein Hundeleben) . . 130
Anlage III: Der Comic „Die Peanuts" 131
Anlage IV: Der Comic „Manos Kelly" 132
Anlage V: Arbeitsbogen zum Gruppenunterricht 133
Anlage VI: Der Comic „Ferd'nand" (ohrenbetäubende Stille) 134
Anlage VII: Der Comic „Prinz Eisenherz" 135

9. Literaturverzeichnis 139
Liste der für diese Arbeit herangezogenen Comics 139
Liste der für diese Arbeit herangezogene Sekundärliteratur 144

1. Einleitung

Der amerikanische Comic-Zeichner Mort Walker, der u. a. auch den Comic-Strip „Balduin" (Beetle Bailey) zeichnet, schreibt über Comics: „Ich wunderte mich früher darüber, wie ein Leser auf Ceylon oder in Algerien sich über den *„Balduin"* amüsieren konnte. Aber allmählich fange ich an zu verstehen, daß gewöhnliche Menschen alle etwas gemeinsam haben, trotz Hautfarbe und Sprache. Wir haben alle die gleichen fundamentalen Bedürfnisse, Freuden und Enttäuschungen. Keine andere Form der Literatur kann dies so kräftig ausdrücken wie Comics"[1].

Ich bin selbst mit Comics groß geworden. Ich habe gespannt auf jede neue Fortsetzung der Comic-Hefte gewartet. Die Erfahrung der Kindheit war von großem Vorteil bei den Vorbereitungen für diese Arbeit. Mancher Comic-Held hatte einen festen Platz in meinen Kindheitserinnerungen, wobei hinzugefügt werden muß, daß viele Helden der Kindheit ihre Ausstrahlung bei dieser Arbeit verloren haben, während andere ihren Platz trotz der Distanz von 15 Jahren haben behaupten können.

Mitte der fünfziger Jahre erreichte die Auseinandersetzung über die Comics in Deutschland ihren Höhepunkt. Die Diskussion wurde besonders in den pädagogischen Zeitschriften heftig geführt[2].

Ich bin bestrebt, diese Arbeit so objektiv wie möglich durchzuführen. Dabei geht es mir um eine Analyse der Comics, gesehen aus verschiedenen Blickwinkeln. Nicht nur Negatives wird festzustellen sein, sondern auch positive Seiten dürfen nicht übersehen werden.

Axel Brück schreibt in einem Vorwort zu einer Sammlung von Comics: „. . . viele Lehrer (und nicht nur Lehrer) behaupten heute immer noch: Comic-Leser sind schlechtere Menschen. Sie lesen schlechter. Sie sind dümmer, sie haben einen verdorbenen Charakter, sie sind asozial und . . . und . . . und. Allerdings lassen sich viele Comic-Leser das heute nicht mehr gefallen. Sie sagen: Comic-Leser sind bessere Menschen. Sie haben mehr Humor, eine stärker geschulte Auffassungsgabe und sind kommunikationsfreudiger"[3].

In seinem Vorwort begeht Axel Brück genau den Fehler, dessen er die Comic-Kritiker bezichtigt, er ist nämlich intolerant. Eine nüchterne Analyse von Comics erfordert eine differenziertere Betrachtungsweise, als sie z. B. während der fünfziger Jahre erfolgte. Dabei ist eine wichtige Voraussetzung, daß die Thematik vorurteilsfrei erörtert wird. Es wäre falsch, wenn eine vorgefaßte Meinung nur bestätigt werden sollte.

Die Tendenz der modernen Literatur zum Thema zeigt, daß im Gegensatz zu der der fünfziger Jahre eine nüchterne Analyse angestrebt wird, wobei eine Neigung, Positives zu sehen, festzustellen ist[4].

2. Geschichte der Comics

2.1. Ursprung und Anfang der Comic strips

Heute weiß jedes Kind, was Comics sind. Dagegen sind die Experten sich gar nicht so einig, aus welchen Quellen die Comics entstanden sind. Einige haben, um in der Diskussion über Comics den kulturellen Hintergrund erhellen zu können, nach Vorgängern gesucht. Auf dieser Suche sind sie auf eine Menge Darstellungen gestoßen, die nach ihrer Ansicht Comics-Vorläufer sind. So nennt Günter Metken einen Abschnitt seines Buches über Comics bezeichnenderweise „Archäologie der Streifengeschichte“[5]. Den „Archäologen“ in Sachen Comics gelingt es so, eine Brücke zwischen den Höhlenzeichnungen der Vorzeit und den Comics der Gegenwart zu schlagen. Die Äußerung John Steinbecks, daß „die ganze Literatur der Cromagnon-Menschen . . . auf die Wände von Altamira gemalt“ ist[6], und sein Vorschlag, den Comic-Zeichner Al Capp für den Nobelpreis zu nominieren[7], haben unter den Kritikern der Comics scharfe Entgegnungen hervorgerufen. Man kann selbstverständlich nicht übersehen, daß die Comics Stilelemente mit ägyptischen Wandbildern, dem Teppich von Bayeux, etc. gemeinsam haben[8], aber für das Verständnis der Comics sind solche Vergleiche unergiebig. Um den Ursprung verstehen zu können, muß man nach Beispielen suchen, die unmittelbar vor den echten Comics liegen.

Seriöse Comic-Forscher sind der Ansicht, daß die ersten Comic-Zeichner von der „politisch-sozialen Karikatur“[9] und von Wilhelm Buschs „Max und Moritz“ beeinflußt wurden[10]. Ulrich Pohl behauptet in seinem Buch „Von Max und Moritz bis Fix und Foxi“ sogar: „1865 schlägt die Geburtsstunde der deutschen Bildgeschichten, der Comic-Strips überhaupt: Wilhelm Buschs Böse-Buben-Posse „Max und Moritz“ erscheint“[11].

In der Literatur wird üblicherweise Richard Felton Outcaults Figur „The Yellow Kid“ als der erste Comic überhaupt bezeichnet, wobei er nicht alle Merkmale eines Comics erfüllt. So fehlt der Bilderrahmen. Jede Folge besteht nur aus einer Zeichnung, und jedes Bild hat im Gegensatz

zu den anderen Comics eine Menge Details[12]. „The Yellow Kid", ein kleiner gelb gedruckter Junge, lebt in den Hinterhöfen und Ghettos der amerikanischen Großstädte. Inhaltlich sind die Einzelgraphiken realistisch und sozialkritisch. So zeigt Outcault ohne Verschönerung die Wirklichkeit, ja die Brutalität des Großstadtlebens[13]. Die Schonungslosigkeit, womit soziale Mißstände angeprangert werden, führte nach wenigen Jahren dazu, daß die Serie eingestellt werden mußte. „The Yellow Kid" war zwar bahnbrechend für die Comic-Literatur, aber sie wurde nach kurzer Zeit von anderen „echten" Comics abgelöst[14]. Wenn man die Entstehungsgeschichte von „The Yellow Kid" betrachtet, versteht man, warum Wilhelm Buschs „Max und Moritz" doch kein Comic ist, wenn auch der Einfluß, den dieses Werk ausgeübt hat, dadurch nicht verringert wird. Um die Jahrhundertwende herrschte ein heftiger Konkurrenzkampf zwischen den großen Zeitungen Amerikas, angeführt von den Zeitungskönigen Joseph Pulitzer und William Randolph Hearst. Die Sonntagsbeilagen, die z.T. in Farbe gedruckt wurden, wurden zur Steigerung der Auflagen eingesetzt. Nur die gelbe Farbe bereitete Pulitzer einige Sorgen. Sie leuchtete nicht wie die anderen Farben. Zur Lösung des Problems wurden die Mitarbeiter, so auch Outcault eingesetzt. Dabei kam dieser auf die Idee, in jeder Zeichnung die Figur eines grotesken Jungen, mit einem gelben „Nachthemd" bekleidet, in den Mittelpunkt zu setzen. Auf dem „Nachthemd" erschien, mit einer Sprechblase vergleichbar, ein Begleittext. Das Nachthemd des „Yellow Kid" war ein voller Erfolg; hier konnte die gelbe Farbe ausprobiert werden. Später überboten sich Pulitzer und Hearst gegenseitig, Outcault für sich zu gewinnen. Die Folge waren mehrere Prozesse[15].
Kennzeichnend für „The Yellow Kid" und die Comics überhaupt ist, daß ein Zeichner den Auftrag von einem Verleger bekommt, die oder jene Figur zu schaffen. Das Ergebnis muß eine Marktlücke füllen oder dem Konkurrenzblatt den Rang ablaufen. So ist der Fall Outcault kein einmaliger Fall. Auch sagt dies nichts über mögliche künstlerische Gehalte aus, denn schließlich entstanden auch viele von Charles Dickens Romane auf eine sehr ähnliche Weise[16]. Sture Hegerfors, der Präsident der Schwedischen Akademie der Comics[17], schreibt in seinem Buch „Svisch! Pow!Sock!", daß folgende Merkmale „The Yellow Kid" zum Comic machen; diese Merkmale treffen auf alle Comics zu:

1. Ein Typ, der viele Menschen anspricht, wird dargestellt.
2. Der Text ist im Bild untergebracht, in einer Sprechblase, in „The Yellow Kid“ im „Nachthemd“, oder der Text erscheint oberhalb des unteren Bildrandes, z.B. in Harold R. Fosters „Prinz Eisenherz“.
3. Die Comics werden in großer Auflage mit den Zeitungen verkauft, später auch in Heftform oder als Comic Books[18].

2.2. Die Entwicklung der Comics in den USA

Wie oben erwähnt sind die ersten Comics amerikanischen Ursprungs, und so ist es nicht verwunderlich, daß John L. Goldwater, ein Mitarbeiter der „Comics Magazine Association of America“, meint, „das Comic-Heft ist ein einmaliges amerikanisches Produkt“[19]. Comics in der heutigen Form sind tatsächlich in Amerika entstanden, wenn auch die Urahnen, wie schon genannt, u. a. aus Deutschland kamen.
Die erste „echte“ Comic-Serie, „The Katzenjammer Kids“, hat sogar die Figuren des „Max und Moritz“ übernommen, wenn auch unter anderem Namen. „Max und Moritz“ wurde 1870 in Amerika veröffentlicht. Dieses Werk hat so auch den Verleger Hearst dazu angeregt, dem Zeichner Rudolph Dirks den Auftrag zu erteilen, ähnliche Lausbuben zu schaffen[20]. Dirks, der in Heide geboren ist, führte die Sprechblase ein. Seine Jungen und ihre Familie sprachen eine sonderbare deutsch-englische Mundart[21].
Einige von den Folgen der „Katzenjammer“-Serie erinnern sehr stark an eine andere deutsche Auswanderergruppe, nämlich an die Marx-Brothers, die in einigen Filmen Absurditäten, Grotesken, Parodien und schwarzen Humor auf hervorragende Weise darzustellen verstanden[22]. Äußerungen der „bösen Buben“ von Dirks wie „Mit dose kidds, society iss nix“ lassen tiefgründige Interpretationen zu[23].
Nebenbei bemerkt wechselte auch Dirks von Verleger zu Verleger. Dabei wurde ihm das Recht aberkannt, den Namen der Serie zu benutzen, wogegen ihm gestattet war, die Figuren weiter zu zeichnen. „The Katzenjammer Kids“ wurden von einem H. H. Knerr übernommen, während Dirks die Serie unter dem Titel „The Captain and the Kids“ fortsetzte[24]. Für alle Comics der früheren Jahre trifft zu, daß sie komisch waren, wenn auch ihre Komik grotesk und absurd war, zum großen Teil waren es

Satiren. Dies kann nicht besonders verwundern, da ihre Lehrmeister die sozial-politische Karikatur und Wilhelm Busch waren.
„Jede Komödie basiert auf der Freude des Menschen an der Inhumanität des Menschen gegenüber dem Menschen“, sagt Al Capp, der selbst einen satirischen Comic-strip „Li'l Abner“ geschaffen hat[25]. Weil die ersten Comics eben „lustig“, „funny“ waren, wurden sie auch „Funnies“ genannt. Der Begriff „Funnies“ hat sich bis heute für die Comics gehalten, die mit Humor und Witz arbeiten, während die Abenteuer-Comics oder „Real Life“-Comics erst ab 1930 entstanden[26].
Kritiker der Comics wie Karl Riha sind der Ansicht, daß die „Funnies“ der Anfangsjahre im Gegensatz zu den späteren Abenteuer-Comics voll Satire und Ironie waren, wogegen die „Real Life“-Comics humorlos waren[27]. Die Zahl der Comics wächst bis 1910 rapide an. Outcault, der Schöpfer des „Yellow Kid“, erfindet einen neuen bösen Buben „Buster Brown“, nur hatte dieser im Vergleich zum „Yellow Kid“ den sozialen Aufstieg zur oberen Mittelklasse geschafft[28].
Frederick Burr Opper, der 1899 seinen ersten Comic zeichnete, brachte in kurzer Reihenfolge ganze drei neue Serien heraus, „Happy Hooligan“, ein Vagabund, der mit einer Konservendose als Kopfbedeckung herumläuft, „And Her Name Was Maud“, ein Maulesel, der besonders durch kräftige Fußtritte hervortritt, und „Alphonse and Gaston“, zwei Franzosen, die durch übertriebene Höflichkeit von der einen verzweifelten Situation in die andere schlittern[29].
„Mutt and Jeff“, das unzertrennliche Paar des Bud Fisher, dienen James Joyce als Vorlage in seinem Roman „Finnegans Wake“, wo sie als Mute und Jute auftauchen[30]. Bud Fisher war zwar nicht der erste, der den Comic strip erfand, aber seine Strips waren die ersten, die ohne Unterbrechung jahrzehntelang gedruckt wurden. Bis jetzt waren die Comics in den Sonntagsbeilagen der großen Zeitungen erschienen, aber seit Fisher seinen „Mr. Mutt“ entstehen ließ, konnten die Zeitungsleser, wenn auch in geringem Umfang, ihre Comics jeden Tag lesen. Der Name „Strip“ kommt daher, daß der Strip nur aus einem Streifen – drei oder vier Bilderrahmen – besteht, während der Comic in den Sonntagsausgaben mehrere Streifen hat und meist in Farbe ist. 1907 war „Mr. Mutt“ entstanden, aber erst als er seinen späteren Partner „Jeff“ trifft, erreicht die Serie ihre große Beliebtheit als eben „Mutt and Jeff“.
Besonders beliebt und berühmt wurde ein kleiner Ire Jiggs, der unerwartet Millionär geworden war. Seine Frau Maggie findet sich sofort zu-

recht in ihrer neuen Rolle. Sie bricht jede Beziehung zu den früheren Freunden ab. Die frühere Wäscherin Maggie entwickelt sich zu einem perfekten Snob, dem es natürlich trotz aller Mühe nicht gelingt, den sozialen Aufstieg zu schaffen. Jiggs dagegen sehnt sich nach seiner alten Umgebung und versucht andauernd, aus seiner ihm zugedachten Rolle auszubrechen. Er möchte nichts sehnlicher als mit den alten Freunden eine Runde Karten spielen oder sein Leibgericht Corned Beef mit Kohl essen[31]. Jiggs Kampf mit Maggie, wobei er einige Schläue entwickelt, dauert jetzt fast 60 Jahre. George McManus, der diese Serie, „Bringing Up Father" genannt, zeichnete, starb Ende der fünfziger Jahre. Ohne Bruch setzte sein Assistent Vernan Greene die Serie fort, und als dieser 1965 starb, übernahm sein Assistent Frank Fletcher wiederum die Serie[32].

Einer der größten Erfolge in der Geschichte der Comics jedoch ist der 1930 entstandene Strip „Blondie". Überall in der Welt können die Ereignisse des Ehepaares Bumstead verfolgt werden[33].

Sture Hegerfors schätzt, daß ungefähr 60 Millionen Menschen diesen Familien-Strip täglich lesen[34]. Dagwood, der Ehemann und Vater in dieser Serie ist zwar der Sohn eines Millionärs, aber sein Vater hatte ihn enterbt, nachdem er 1933 ein Büromädchen des väterlichen Betriebes geheiratet hatte. Seitdem führen Dagwood und Blondie, die Ehefrau und Mutter, mit ihren zwei Kindern ein typisches amerikanisches Mittelklasseleben. Blondie besitzt seit der Hochzeit alle Macht, und Dagwood scheint sich gern damit abzufinden. Er versagt fast in jeder Situation. Jeden Morgen führt er einen seit dreißig Jahren dauernden Kampf mit der Uhr, um seinen Bus zur Arbeit zu erreichen. Chic Young, der die Serie zeichnet, kennt den Grund der Beliebtheit von „Blondie" nicht[35]. Er sagt: „Ich . . . benutze die größte, einfachste und interessanteste Kontinuität, die Kontinuität des Lebens und füge ein bißchen Humor, das Gewürz des Lebens, hinzu[36].

Kritiker sind jedoch ziemlich einhellig der Meinung, daß „Krazy Kat" und „Little Nemo" die besten Comics der Anfangsjahre waren, wenn nicht die besten überhaupt. So schreibt der Literaturkritiker Gilbert Seldes in seinem Buch „The Seven Lively Arts" über George Herrimans „Krazy Kat"; „Sie (die Serie) ist reich von etwas, wovon wir zu wenig haben – Phantasie. Sie ist weise mit mitleidiger Ironie, sie hat Zartgefühl, Empfindsamkeit und eine überirdische Schönheit"[37]. „Krazy Kat" zeigt eine verrückte und absurde Welt. Vor ständig wechselnden surrealisti-

schen Landschaften spielt ein sich immer wiederholendes Drama. Die Katze Krazy Kat liebt die Maus Ignatz, diese jedoch erwidert diese Liebe nicht, sondern zeigt ihre Abneigung dadurch, daß sie Krazy Kat Ziegelsteine an den Kopf wirft. Dritte „Person“ ist Offisa Pup, ein Hund, der die Rolle eines Polizisten hat. Dieser liebt seinerseits Krazy und versucht sie, vor den Steinwürfen zu beschützen, indem er Ignatz ins Gefängnis wirft, nur mit dem Erfolg, daß die Maus bei der Entlassung mit noch größerer Heftigkeit Steine an den Kopf der Katze schleudert. Krazy faßt dies allerdings als einen Ausdruck der Liebe auf[38]. Ignatz, der Anarchist, der Nein-Sager, unterliegt ständig, durch die nicht zu erschütternde Liebe von Krazy Kat besiegt[39]. „Krazy Kat“ wird wohl zu Recht mit „Don Quichote“ verglichen. Karl Riha meint sogar: „Ich halte es für keinen Zufall, daß die Strips gerade zu jenem Zeitpunkt auf den Plan treten, da sich aus dem Pionierfilm die Filmgroteske herausschält und in Europa – mit den Dramen Wedekinds, einigen Stücken Schnitzlers, dem teatro del grotesco – eine neue Groteskliteratur entsteht, die bis heute fortdauert und in Eugéne Ionesco nur ihren jüngsten Verfechter gefunden hat“[40]. 1944 mußte „Krazy Kat“, als der Zeichner George Herriman starb, eingestellt werden, weil ganz einfach kein Ersatz möglich war, wie bei „The Katzenjammer Kids“, „Bringing Up Father“ usw[41].
Schon 1905 hatte Winsor McCay mit „Little Nemo in Slumberland“ angefangen. Er zeichnete diesen außergewöhnlichen Comic in zwei Perioden, nämlich von 1905–1911 und von 1924–1927[42]. Dazwischen beschäftigte er sich als einer der ersten Zeichner mit dem Zeichentrickfilm (Animated Cartoon). So stellt er den ersten erfolgreichen Film dieser Art her, nämlich „Gertie the Dinosaur“[43]. In jeder Fortsetzung – die Serie wurde als Sonntagsbeilage gedruckt – zog der kleine Junge Nemo, Niemand, ins Traumland, begleitet von einem kleinen grünen, boshaften Iren, Flip, dem Kannibalen Impy, dem Hund Silver und Doktor Pill. Die Seite wurde jede Woche mit dem Aufwachen und einem vorhergehenden Sturz beendet. Träumend bewegt sich Nemo durch das Traumland, wo er den König dieses Reiches Morpheus und dessen Tochter trifft. Seine Träume spielen sich in einem irrealen New York ab. Günter Metken schreibt in seinem Buch „Comics“, „McCay ist der Sigmund Freud des Comic Strips. Als Zeitgenosse des Wiener Arztes läßt er seinen kleinen Helden fast systematisch den Traum erforschen. Er entdeckt seine Logik, seine Assoziationen, seine aus der Gegenwart wie dem Märchenfundus gespeiste Bildsprache. Über dem nüchternen New York der Gründer-

jahre steigen Kolonnaden, märchenhafte kuppelbekrönte Städte, Säulenwälder auf. Riesen, Zwerge, enorme Vögel gehören zu den Begegnungen Little Nemos"[44]. Es ist kaum zu übersehen, daß McCay von „Alice im Wunderland" beeinflußt wurde[45]. Wie auch George McManus' „Bringing Up Father", ist „Little Nemo" im Jugendstil gezeichnet. Jedes einzelne Bild beinhaltet eine Fülle von Details. McCay ist ein Meister der Perspektive, aber auch die Farbgebung deutet auf den Jugendstil hin[46]. Tiere hatten schon bei Outcault eine große Rolle gespielt, auch George Herriman hatte in „Krazy Kat" Tiere als „Hauptpersonen" benutzt. Wohl zu Recht wird jedoch Walt Disney als Meister des Tier-Comics bezeichnet. Disney versuchte sich zwar zuerst als Zeichentrickfilmmacher, aber da er nach kurzer Zeit damit anfing, die Figuren seiner Filme auch auf das Papier zu bannen, darf er im Rahmen dieses Überblickes nicht übergangen werden, weil seine Comic-Hefte zu den meistgelesenen gehören. 1928 war das Jahr, das für Disney die Wende bedeutete, denn in diesem Jahr wurde man zum ersten Male auf ihn aufmerksam, wenn er auch schon früher Filme – allerdings ohne Erfolg – gedreht hatte. Als einen der ersten drehte er einen Tonfilm, der von der später unter dem Namen „Mickey Mouse" bekannten Maus handelte[47]. Zwei Jahre nach seinem ersten Auftreten war „Mickey Mouse" in den Zeitungen zu finden, und wenige Jahre danach sprang die noch erfolgreichere Ente „Donald Duck" vom Filmstreifen in die Zeitung. Die Reihe der Disney-Produkte trat jetzt ihren Siegeszug an[48]. Regelmäßig ließ Walt Disney einen neuen Film folgen, der dann auch seinen Eingang in die Comic-Hefte fand. Bettina Hürlimann nennt Disney einen „Busch fast ebenbürtiger Geschichten-Erfinder" und führt fort: „Wer weiß, ob nicht Busch heute auch zum Trickfilm gegriffen hätte"[49]. Hier sollen einige seiner Filme genannt werden: In „Fantasia" versuchte er klassische Musik im Bild auszudrücken. Laut Sture Hegerfors soll er beim Anblick des Filmes gerufen haben: „Hurra! Dieses wird Beethoven berühmt machen!"[50]. Die Kritik war jedoch gegenteiliger Ansicht[51]; Schneewittchen, Pinocchio, Dornröschen, Aschenputtel, Dschungelbuch und Dumbo waren andere, wobei der letztgenannte als sein bester betrachtet wird. So vergleicht der dänische Filmkritiker Björn Rasmussen diesen mit Hans Christian Andersens „Das häßliche Entlein"[52]. In den letzten Jahren ist die Auseinandersetzung um Walt Disney ziemlich kontrovers geworden. Richard Schickel schreibt in seinem Buch „The Disney Version", daß Walt Disney von Kunst keine Ahnung hatte[53], und über sein „Disneyland" meint

Schickel: „Hier ist die Enthumanisierung der Kunst vollends erreicht – erreicht von einem verblendeten Mann, der immer, und dies mit gutem Gewissen, nach einer humaneren Kunst gesucht hat“[54]. Schickel wirft ihm weiter vor, im eigenen Betrieb tyrannisch geherrscht, und dadurch talentierte Künstler vertrieben zu haben[55]. Befürworter Disneys halten ihm zugute, daß er vielleicht nicht sehr gut zeichnen konnte, aber er besaß die Fähigkeit, andere für sich arbeiten zu lassen. „Ob man ihn mag oder nicht, er hat doch seine eigene Welt aufgebaut, Disneyland – und seine Figuren scheinen viel lebensfähiger als die anderer Comic-Fabrikanten zu sein“, meint ein dänischer Fan[56]. Außerdem fand und findet eine heftige Debatte statt darüber, wie „Donald Duck“ ideologisch zu verstehen ist[57].

Nach dem zweiten Weltkrieg haben nur wenige Comics mit Witz das Niveau erreicht, das besonders während der Anfangsjahre sehr hoch lag. Es scheint, daß die Entfernung von den Vorbildern immer größer wurde, wobei die letzten fünf bis zehn Jahre sehr vielversprechende Neuanfänge zeigen. Drei Zeichner ragen als echte Satiriker heraus, nämlich Al Capp mit „Li'l Abner“, Charles M. Schulz mit „Peanuts“ und Walt Kelly mit „Pogo“.

Wie schon erwähnt, erregte John Steinbeck einigen Anstoß, als er Al Capp für den Nobelpreis der Literatur vorschlug. Er sagte u. a.: „Ich denke, Capp ist heute möglicherweise der beste Schriftsteller der Welt“[58]. Capp ist hauptsächlich wegen „Li'l Abner“ berühmt geworden. Schon 1934 fing er an, diese Serie zu zeichnen. Lange Jahre war Capp auf der amerikanischen Linken zu finden, wobei die Linke in den USA wohl am besten als liberal bezeichnet werden kann. Er karikierte mit seinem Dorf Dogpatch die amerikanische Gesellschaft. Dieses Dorf wurde von eigenartigen Gestalten bevölkert, die sich grotesk gebärdeten. Das Satirische kann kaum übersehen werden. Auf diese Art nahm er jede Schicht der amerikanischen Gesellschaft, ja das Leben der Amerikaner überhaupt, auf den Arm[59], auch heiße Eisen wie die Kommunistenjagd des McCarthy oder die Innenpolitik Präsident Johnsons wurden angepackt[60]. Ob Capp noch als „links“ bezeichnet werden kann, beherrscht zur Zeit die Debatte um den sehr eigenwilligen Zeichner, weil er sich gegenwärtig mit der Hippiekultur und ihren Begleiterscheinungen auseinandersetzt[61]. Selbst sagt er: „Ich suche die Torheit überall. Viele Jahre fand ich sie auf der äußersten rechten, jetzt finde ich sie auf der linken Seite“[62]. So klagte ihn der Zeichner, bei dem Capp jahrelang als Assistent gearbeitet hatte, der Pornographie an, weil die Frauen in Dogpatch kaum vermochten, ihre üppigen Formen unter ihrer spärlichen Kleidung zu verbergen[63]. Diese spärliche Kleidung ist sicher auch satirisch gemeint. Nicht selten erscheinen Politiker und andere prominente Persönlichkeiten in seinen Strips. Auch andere Comic-Zeichner werden nicht geschont. So entstand innerhalb seines Strips als eine Parodie auf den Abenteuer-Comic „Dick Tracy" der Comic „Fearless Fosdick"[64]. Capp zeigte oft, daß er sich selber auch nicht besonders ernst nahm[65]. Marshal McLuhan zitiert Capp, „ich verstricke meine Leute einfach in die Folgen ihrer eigenen Dummheit und *nehme* ihnen dann ihr Hirn *weg,* damit sie nichts dagegen tun können"[66]. Li'l Abner, der Held Capps, mußte 1952 auf Drängen der Leser Daisy Mae, die er achtzehn Jahre hingehalten hatte, heiraten[67]. Daisy Mae hat sich in den knapp vierzig Jahren ihres Lebens erstaunlich gewandelt, aber zu jeder Zeit hat sie dem Schönheitsideal der Amerikaner entsprochen – von der schlanken Frau der dreißiger Jahre bis zur Sexbombe der Gegenwart. In diesem Zusammenhang wäre es vielleicht aufschlußreich, die jeweilige Miß Universum dieser Zeit mit Daisy Mae zu vergleichen[68].

Subtiler und zugleich schonungsloser ist der Strip „Pogo" von Walt Kelly, der von 1935–1941 bei Walt Disney arbeitete. Fuchs und Reitberger bezeichnen Walt Kelly als legitimen Nachfolger von George Herriman, dem Zeichner von „Krazy Kat"[69]. Kelly hatte am Anfang Schwierigkeiten, „Pogo" in einer Zeitung unterzubringen. Pogo ist ein kleines Opossum, das in Okefenokee – einem Sumpf in Georgia – lebt. Um Pogo herum finden wir eine Vielzahl verschiedener Tiere, die alle im Sumpf leben. Da sind Seminole Sam der Fuchs, Sarcophagus MacAbre – wie der Name verrät – der Geier, Houn'dog Beauregard der Hund, Porkypine das Stachelschwein, Churchy La Femme die Schildkröte, die in ständiger Angst vor Freitag dem 13. lebt, Prof. Howland Owl die Eule, Miss Mam'sell Hepzibah das Stinktier, eine der wenigen weiblichen Wesen und Albert der Aligator, der vielleicht die Hauptfigur des Comics ist[70]. Günter Metken vergleicht „Pogo" mit den Fabeln La Fontaines und schreibt weiter. Das „anthropomorphe Personal hält sich nicht bei La Fontaines Sprichweisheiten auf. In der Form einer satirischen Allegorie rückt es den moralischen, sozialen und politischen Problemen der Zeit zu Leibe"[71]. Kelly ließ die Birch Society, Senator McCarthy, Gouverneur Wallace und Präsident Johnson als Tiere im Sumpf agieren. Präsident Johnson kam als publicity-bewußter Texasstier vor[72], Vizepräsident Agnew als Hyäne in der Uniform eines griechischen Obristen[73]. Die Satire ist manchmal beißend, aber „Pogo“ erlaubt den Lesern „von einer Ebene auf eine höhere“ zu steigen[74]. „Pogo“ läßt sich nicht ohne weiteres übersetzen. Die Herausgeber einer dänischen Comic-Sammlung sind sich durchaus bewußt, daß sie Walt Kelly nicht gerecht werden, weil bei der Übersetzung viele Pointen verloren gehen[75]. Neben dem sprachlichen Reichtum fällt auf, daß die Sprechblasen dazu beitragen, die „Personen“ und die Situation zu charakterisieren. So spricht der Pastor in gotischem Frakturstil, der Geier Sarcophagus Mac Abre redet in Form einer Todesanzeige. Kelly überwindet die Einengung durch die Typographie[76].

In Deutschland viel bekannter als „Li'l Abner“ und „Pogo“ ist der Kinder-Strip „Peanuts“ von Charles M. Schulz. Die „Peanuts“ sind in den Zeitungen der ganzen Welt zu finden, und sie werden nur von „Blondie“ übertroffen. Überall sind die Akteure dieses Comics bekannt. Wer kennt nicht den Pechvogel und Humanisten Charlie Brown, den Beethoven-Verehrer Schroeder, den philosophisch veranlagten Linus, die hinterlistige und herrschsüchtige Lucy (Luzie), und nicht zu vergessen, den mit Intelligenz gesegneten Hund Snoopy?! Leser von „Peanuts“ sind der Ansicht, daß die Qualität des Streifens durch die Kommerzialisierung der letzten Jahre gelitten hat[77]. Schulz scheint sich dessen jedoch bewußt zu sein und strebt laut Fuchs und Reitberger eine Rückkehr zu den alten Inhalten an[78]. Kaum ein Comic hat bei den Intellektuellen einen so großen Eingang gefunden wie die „Peanuts“[79]. Ob der Strip diesem Anspruch gerecht wird, soll hier nicht erörtert werden. Sicher ist jedoch, daß nie zuvor ein Comic so intensiv gedeutet worden ist, wenn auch ein Kenner der Comics wie der Schwede Sture Hegerfors dieser Tendenz etwas kritisch gegenübersteht[80]. Besonders Theologen haben sich mit den „Peanuts“ beschäftigt. Der Amerikaner Robert Short hat zwei theologische Bücher darüber geschrieben, nämlich „The Gospel According to Peanuts“ und „The Parables of Peanuts“[81]. Ein dänischer Pastor schreibt[82], daß Schulz unter dem Eindruck des zweiten Weltkrieges – er war bei der „Befreiung“[83] Dachaus und Münchens dabei – religiös geweckt wurde. Schulz ist Laienprediger und sagt über seine Arbeit: „Ich habe eine Botschaft, die ich auszudrücken wünsche. Die verschiedensten Menschen, die in kirchlichen Bereichen tätig sind, haben mir geschrieben und gedankt, weil ich auf meine Art durch die Comics predige. Wenn man Christ ist, dann muß man Gott dienen. Ich kann mich nicht wehren, mehr und mehr von dem, was Jesus gesagt hat, ergriffen zu werden, und ich werde mehr und mehr von der Notwendigkeit überzeugt, ihm zu folgen. Was Jesus für mich bedeutet, ist dies: In ihm sehen wir Gott und verstehen die Einstellung und Liebe Gottes uns gegenüber“[84]. Verglichen mit dieser Äußerung hört sich eine andere etwas widersprüchlich an: „Natürlich ist viel Bedeutung drin. Aber ich kann sie nicht erklären. Was die Leute drin sehen, das ist, was drin ist“[85]. Al Capp, der Schöpfer von „Li'l Abner“ meint zu der theologischen Interpretation von „Peanuts“: „Die *Peanuts*-Charaktere sind richtig gemeine Bastarde, eifrig einander zu verletzen. Deshalb sind sie so wunderbar. Sie verletzen einander mit dem größten Enthusiasmus. Jemand, der Theologie darin sieht, ist ein Teufelsanbeter“[86]. Mir scheint, daß Capp ziemlich treffend zum Ausdruck bringt, daß man mit Interpretationen vorsichtig sein sollte. Dieser Kritik zum Trotz ist und bleibt Schulz ein hervorragender Humorist, ein beißender Sozialkritiker, der auf einmalige Weise versteht, die menschlichen Schwächen aufzudecken. Viel treffender für Schulz dürfte die Kennzeichnung Moralist sein[87]. Zeichnerisch haben auch die „Peanuts“ eine Wandlung durchgemacht, von einer einfachen Strichzeichnung zu einer etwas differenzierteren Zeichenart, die besonders in den Gesichtern zu beobachten ist, wobei bemerkt werden muß, daß der Witz der „Peanuts“ im Dialog liegt.

Seit 1960 scheint sich in den Witz-Comics etwas anzubahnen. Capp, Kelly und Schulz haben einen Strip erneuert, der seit dem Tod von Herriman zum Aussterben verurteilt schien, weil die Abenteuer-Comics sich auf Kosten der satirischen und sozialkritischen Serien durchzusetzen drohten. Nur wenige der Comics der Gründerjahre haben den Bezug zur Gesellschaftskritik bewahrt. Viele der Comics, wie „The Katzenjammer Kids“, „The Captain and the Kids“ und „Bringing Up Father“ sind immer noch zu lesen, aber der Humor und die hintergründige Satire sind verschwunden, sie erscheinen jetzt oberflächlich, ja sogar platt. Eine neue Generation von Zeichnern versucht jetzt, Anschluß an die Tradition der Anfangszeit zu finden, wobei Witz und Ironie subtiler geworden sind.

Hier sollen einige der neuen Comics genannt werden. Da sind „Wizard of Id“[88] von Brant Parker und Johnny Hart, die damit eine groteske Galerie von mittelalterlichen Gestalten geschaffen haben[89]; „B. C.“[90] von dem eben genannten Johnny Hart, der die Handlung dieses Strips zur Zeit der Vorgeschichte spielen läßt[91]; „Miss Peach“[92] von Mell Lazarus, der hiermit eine besonders kritische Serie gezeichnet hat[93]; „Beetle Bailey“[94], eine Parodie auf das Soldatenleben[95] und „Boner's Ark“[96] von Mort Walker; „Short Ribs“[97] von Frank O'Neal[98]; „Tumbleweeds“[99] von Tom K. Ryan[100] und „Broom Hilda“ von Russel Myers[101]. Für alle gemeinsam, so unterschiedlich sie auch sonst sein mögen ist, daß sie alle einen tiefgründigen Humor haben mit einer Portion Satire gewürzt. Der Leser wird nicht laut lachen, eher schmunzeln, aber vielmehr wird er zum Denken angeregt. Al Capp meint von diesen Comics: „Die neuen Comics sind die wirklichen schwarzen Humoristen“[102].

1929, das Jahr des Zusammenbruchs des internationalen Währungssystems und das Jahr der Depression, brachte den Abenteuer-Comic hervor. Zufällig kann diese Erscheinung wohl kaum genannt werden, jedenfalls füllt sie eine Marktlücke, die wohl als Folge der Lage von Millionen Menschen entstand. Die Abenteuer-Comics verhalfen den Menschen zur Flucht in eine Traumwelt, wo die Identifikation mit dem Helden vollzogen wurde[103]. Besonders diese Comic-Gattung wurde zum Anlaß für die Kritik an den Comics schlechthin genommen. Baumgärtner untersucht in seinem öfters zitierten Buch über Comics nur diese[104]. Daß die Abenteuer-Comics besonders in Deutschland einen sehr geringen Raum einnahmen, wird in der Kritik oft nicht berücksichtigt.

Zwischen dem 7. Januar und dem 16. März 1929 erschien als erste Abenteuer-Serie „Tarzan“ von dem späteren „Prinz Eisenherz“-Zeichner Harold R. Foster gezeichnet[105]. Zu den bekanntesten „Tarzan“-Zeichnern gehören neben Harold R. Foster auch Burne Hogarth und Russ Manning. Der „Tarzan“ Hogarths hat unter den Comic-Anhängern fanatische Verfechter gefunden, die seinen Stil mit dem Michelangelos vergleichen[106]. Der Comic-„Tarzan“ wurde nach den berühmten Romanen von Edgar Rice Burroughs geschaffen, wobei zu bemerken ist, daß die Zeichner längst eigene Stoffe erfunden haben, und erst Russ Manning versucht, die Tradition von Burroughs, wie sie von Foster und Hogarth aufgegriffen wurde, wieder fortzusetzen. Harold R. Foster zeichnete nur für kurze Zeit den Strip, nämlich von Januar bis März 1929 und von September 1931 bis Februar 1937. Foster gab „Tarzan“ auf, weil er tief in der Vorarbeit zu seinem eigenen „Prinz Eisenherz“ steckte[107]. Hogarth, der am 5. Mai 1937 zum ersten Male die Serie zeichnete, wurde durch einen Zeichenwettbewerb zum Nachfolger Fosters gewählt. Er, der am Anfang den dokumentarischen Stil Fosters nachahmte, fand sehr schnell seinen eigenen dynamischen von den Renaissance-Malern beeinflußten Stil, der, wie oben erwähnt, sehr viele Anhänger gewann. Auseinandersetzungen um die Freiheit der künstlerischen Gestaltung verleideten Hogarth die Freude an seiner Arbeit. Er trat 1945 von der Serie zurück, was ihn jedoch nicht hinderte, 1948 für zwei Jahre bis 1950 den Comic weiterzuzeichnen. Von 1950 ab widmete er sich völlig der Arbeit an der „School of Visual Arts“, deren Leitung er dann auch später übernahm[108]. Erst Ende der sechziger Jahre wurde die Qualität der Serie durch den oben genannten Russ Manning verbessert, der sich bis dahin mit Zeitungs- und Kinderbuchzeichnungen beschäftigt hatte[109]. Über Tarzan sagt Manning: „Er ist ein Naturmensch und lebt in jener äußersten Fluchtwelt, nach der wir uns in unseren Betonschluchten sehnen“[110]. Diese Bemerkung Mannings erklärt sehr genau die Beliebtheit des Abenteuer-Comics, und er hat vielleicht nicht Unrecht, wenn er meint: „Tarzan ist ein „folk-hero“, vielleicht der erste „folk-hero“, der in aller Welt Anklang gefunden hat, eine einfache, universelle Idee, in menschliche Form gefaßt, die jedermann verstehen, und mit der sich jedermann identifizieren kann – der Mensch, der wir lieber wären“[111]. Natürlich konnte auch die Kriminalgattung unter den Comics nicht fehlen. Der erste Comic dieser Art war „Dick Tracy“ von Chester Gould, dessen Hauptfigur bis zum heutigen Tag Verbrecher jagt. Gould, der 1931 „Dick Tracy“ zu zeichnen anfing, war über die Ausbreitung des Verbrechens als Folge der Krise der amerikanischen Gesellschaft am Anfang der dreißiger Jahre erschüttert. Er ließ Dick Tracy nach wenigen Fortsetzungen selber Polizist werden. Kennzeichnend für diese Serie sind die Bestrebungen Goulds, die Handlung realistisch zu gestalten, während die Verbrecher und auch die übrigen Figuren als Parodien auf sich selbst auftreten. Dick Tracy wird mit eckigem, steinharten Gesicht gezeichnet, das für Gefühle so gut wie keinen Raum läßt. Es zeigt, daß dieser Mann kompromißlos in seiner Jagd auf Verbrecher ist[112]. Zur Zeit der Ersterscheinung des Strips, war es durchaus lobenswert, die Polizei derart positiv darzustellen, wie es Gould tat, weil sich diese durch Korruption und Mißerfolge in einer Krise befand, und Gould hat wohl seinen Beitrag zur Aufwertung des Ansehens der amerikanischen Polizei geleistet. Heute jedoch scheint er, jede Kritik an der Polizei abzulehnen und besonders 1968, als Amerika durch Attentate an Martin Luther King und Robert Kennedy, von Rassenunruhen und Unruhen in Verbindung mit dem Krieg in Vietnam erschüttert wurde, fand er keine differenzierte Haltung zum Verhalten der Polizei gegenüber Demonstranten. Einige

Zeitungen setzten den Strip ab, verärgert durch Äußerungen – die durch Zeichnungen illustriert waren – wie „Gewalt ist golden, wenn sie benutzt wird, Böses zu besiegen“[113], oder durch Dick Tracys Ausspruch – nachdem er den Verbrecher Intro in Luft hat auflösen lassen –: „Sie atmen ihn gerade“[114]. Gould versteht diese Kritik jedoch nicht und fragt: „Wie glauben Sie, daß wir Hitler besiegten, wenn nicht mit Gewalt? Wir sind im Krieg in einer Schlacht gegen das Verbrechen. Wir müssen zur Gewalt greifen, wenn wir uns gegen das Böse schützen wollen“[115].
Während „Dick Tracy“ in Deutschland so gut wie unbekannt ist, ist „Rip Kirby“ (Rip Korby) ein anderer Detektiv, wenn auch ein Privatdetektiv, viel bekannter, denn er ist täglich in sieben Tageszeitungen in einer Auflage von 1167000 zu lesen[116]. 1946 fing Axel Raymond mit „Rip Kirby“ an, aber schon früher hatte er eine Reihe heute noch gelesener Comics gezeichnet. Mit dem berühmten Kriminalschriftsteller Dashiell Hammett zusammen, der Kriminalklassiker wie „The Maltese Falcon“ und „The Thin Man“ schrieb, entstand 1934 der Kriminal-Strip „Secret Agent X-9“, der, bis Raymond ihn 1935 wieder aufgab, eine ungewöhnliche Qualität erlangte, die von den Nachfolgezeichnern nie erreicht wurde[117]. Erst Al Williamson, der 1967 die Serie in „Secret Agent Corrigan“ umtaufte, beherrschte das von Raymond benutzte Spiel von Licht und Schatten[118]. Williamson übernahm auch die Comic-Buchausgabe der von Raymond geschaffenen Serie „Blitz Gordon“ (Flash Gordon)[119]. „Blitz Gordon“ zählt zu den Science Fiction-Comics. Blitz Gordon macht zusammen mit seiner Freundin Dale und dem Wissenschaftler Dr. Zarkow Reisen in ferne Welten, wo er in Abenteuer verwickelt wird. Besonders häufig besucht der Gordon von Raymond den Planeten Mongo, wo er ununterbrochen gegen den Tyrannen Ming kämpft, der, obwohl oft tot geglaubt, immer wieder auftaucht, um erneut im Kampf gegen Blitz Gordon zu unterliegen[120]. Daneben zeichnete Alex Raymond auch „Jungle Jim“. 1946 gab er jedoch alle anderen Comics auf, um sich ganz „Rip Kirby“ zu widmen. „Rip Kirby“ ist ein ganz erstaunliches Phänomen unter den Comics, denn wider Erwarten wurde diese Figur außergewöhnlich populär. Kirby ist ein Intellektueller, der Brillenträger und kein Kraftprotz ist. Er beschäftigt sich gern mit Literatur und klassischer Musik und löst mit Vorliebe seine Kriminalfälle mit Köpfchen. An seiner Seite befindet sich sein Butler Desmond, der von ihm aus den Klauen der Unterwelt befreit worden war, und seitdem ihm treu ergeben ist[121]. Als Raymond 1956 bei einem Autounfall

ums Leben kam, mußte John Prentice von einem Tag zum anderen einspringen und den Strip übernehmen. Prentice gelang, was in der Welt der Comics nur selten gelingt, nämlich einen Zeichner ohne Bruch zu ersetzen. Wie Raymond beherrscht auch Prentice die Kunst der Schattengebung[122]. Über den Comic-Zeichner sagt Raymond, daß er „mit einem Stück weißen Papier anfängt und zeichnet, wovon er träumt. Er ist zugleich Verfasser, Regisseur, Redakteur und Künstler“[123].
Zu den Veteranen des Comic-Geschäftes zählt auch Lee Falk, der allerdings keine einzige Episode gezeichnet hat, denn ihm fiel die Aufgabe zu, die Geschichten zu erfinden, während andere sich um die zeichnerische Gestaltung zu kümmern hatten[124]. Dieses Verfahren wird von der Comic-Industrie der letzten Jahrzehnte viel verwendet, wogegen die Frühzeit den Einzelschöpfer kannte. Dies ist auch viel häufiger in den Comic-Büchern zu finden als in den Strips, die zum größten Teil von einem Zeichner gestaltet werden[125]. Seit 1934 denkt sich Falk Geschichten aus für „Mandrake“[126] und seit 1936 auch für „Phantom“. Beide Serien gehören zu den Klassikern der Abenteuer-Comics. Mandrake ist ein Magier, der jeden Fall und jedes Abenteuer durch Anwendung von Hypnose meistert, assistiert von seiner Dauerverlobten Narda und dem mit Riesenkräften versehenen Negerprinzen Lothar. Sture Hegerfors weiß zu berichten, daß Hitler „Mandrake“ „studierte“[127]. „Phantom“ hat Falk mit drei Zeichnern zusammen 39 Jahre lang geschaffen, nämlich Ray Moore, Wilson McCoy und Sy Barry, der Bruder von Dan Barry, der den Alltags-Strip und die Sonntagsseite von „Blitz Gordon“ zeichnet[128]. Neben diesen gibt es eine italienische Lizenzausgabe und eine amerikanische Ausgabe von Billy Lignante, die ohne Mitwirkung Falks entstehen[129].
Vier Jahrhunderte schon lebt das Phantom auf einer fiktiven Urwaldinsel vor der afrikanischen Ostküste, wo es maskiert und im engsitzenden Trikot das Verbrechen von Schwarzen und Weißen bekämpft. Stammvater des „wandelnden Geistes“ war ein Kapitän, der von Seeräubern überfallen, auf die Inselküste gespült wurde. Freundliche Pygmäen des gefürchteten Bandar-Stammes nahmen sich seiner an. Seit diesem Tag herrscht das „Phantom“ von einer Grotte aus, die die Form eines Totenschädels hat. Begleitet von seinem schneeweißen Pferd Hero und seinem gezähmten Wolf Devil versieht das sechzehnte Phantom Verbrecher mit Totenkopfabdrücken, die nie abgehen und unter den Menschen der Insel, ob Weiß oder Schwarz, Angst und Schrecken hervorrufen. Wer sich

durch gute Taten auszeichnet, bekommt das gute Zeichen des Phantoms – vier gekreuzte P's – das ihm aus Notlagen hilft. Gegenwärtig ist das Phantom mit einer Angestellten der UNO, Diana, verlobt, ein Verhältnis, das so alt ist wie der Strip[130]. Über eine mögliche Heirat sagt Falk: „Das Phantom wird Diana nie heiraten . . . Es gibt keine Hochzeit, keine Kindergeburt . . . Die Nachfolge im Dschungel muß auf eine andere Weise geregelt werden. Wie das gehen soll, ist mein großes Kopfzerbrechen"[131]. Falk, der nach eigenen Aussagen von ca. 100 Millionen Menschen täglich gelesen wird, sagte nach der ersten Tagung der „1. Internationale Konferenz zur Erforschung der Comic-Presse", daß er nicht wisse, ob er nach den Erörterungen dieser Konferenz noch Comics machen könne, denn es sei viel komplizierter, als er dachte[132].

1937 gab Harold R. Foster, auch Hal Foster genannt, seine Arbeit an „Tarzan" auf, und schon im gleichen Jahr sah sein „Prinz Eisenherz" (Prince Valiant) das Tageslicht. Dieser Comic, der nur sonntags erschien, weil jede Episode zu viel Arbeit erforderte, hat eine Vielzahl von Anhängern gefunden, die keine Kosten scheuen, um alte Episoden zu bekommen. Der nunmehr achtzigjährige Foster zeichnet die Folgen von „Prinz Eisenherz" nicht mehr. Diese Arbeit hat John Cullen Murphy übernommen, der selbst den Box-Comic „Big Ben Bolt" zeichnete[133]. „Prinz Eisenherz" ist der Ritterroman des Comic strips. Jede Folge besitzt ein Detail-Reichtum, der nur nach intensivem Studium geschaffen werden konnte. Die Details sind historisch so genau, daß die Serie als Ergänzung zum Geschichtsunterricht in einigen amerikanischen Schulen eingesetzt wird[134]. Quellen dieser Serie sind die Minne und die isländische Saga. Um den Stil des geschichtlichen Dokuments nicht zu brechen, vermeidet Hal Foster die Sprechblase, und auch seine gedämpfte Farbgebung dient diesem Zweck[135]. Sprachlich ist das Niveau auch höher als in anderen Comics. Trotzdem kann der Vorwurf Günter Metkens, daß „Prinz Eisenherz" an die gleichzeitigen historischen Superproduktionen Hollywoods erinnert, wohl nicht ganz zurückgewiesen werden[136]. Prinz Eisenherz wird mit seinem Vater, dem König von Thule, aus seiner Heimat vertrieben, um später siegreich zurückzukehren. Er kommt auf seinen Reisen durch die Welt auch zum Hof des König Arthur und knüpft Kontakte zu den Helden der Artussage. Nach einigen Prüfungen wird er dann Mitglied des Hofes. Mit seinem „singenden Schwert" zieht er auf Abenteuer, trifft auf die Hunnen, erlebt das zerfallende Römerreich, durchkreuzt das Mittelmeer, wo er auf einer griechischen Insel seine zukünftige Frau, Aleta, trifft und wird zeitweilig als Sklave im Vorderen Orient gehalten[137]. Er erreicht auf seinen Streifzügen sogar Afrika und Amerika, wo er mit Eingeborenen in Kontakt kommt[138]. Ungewöhnlich für die Comics ist, daß der Prinz älter wird, heiratet und Vater von vorläufig vier Kindern ist. Ungewöhnlich ist auch, daß seine Kinder einen Teil der Handlung übernehmen, insbesondere sein Sohn Arne. Wenn auch der stürmische Held der Anfangsjahre ruhiger geworden ist, blieb die Serie lange eine der wenigen Abenteuer-Comics, die von Akademikern gelesen wurde.

Alle Helden der Comics besitzen übernatürliche Kräfte und überdurchschnittliche Intelligenz. Waren die schon erwähnten Helden Ausnahmen, so gilt dies noch mehr für die Superhelden. Natürlich sind „Blitz Gordon" und „Das Phantom" Superhelden, aber verglichen mit „Superman", „Batman" und „Der Grüne Pfeil" erscheinen sie durchaus normal. Die Zahl der Superhelden hat seit 1938, als „Superman" aus der Taufe gehoben wurde, stetig zugenommen. Es kann kaum verwundern, daß die Auseinandersetzung um die Superhelden besondere Heftigkeit hervorgerufen hat. Stephen Becker, ein Comic-Kenner, schreibt in seinem Buch „Comic Art in America" über die Erscheinung der Superhelden: „Die dreißiger Jahre waren eine Zeit der Heimsuchung, und viele von uns hatten das Vertrauen in die traditionelle Unbescholtenheit verloren. Der Gangster war eine feste amerikanische Einrichtung, eine herausspringende Figur in der Wirklichkeit wie in der Einbildung. Krieg drohte in Europa; Hitler schien die Verkörperung des absoluten Bösen, im Besitz unbegrenzter Macht. In gewisser Hinsicht war Superman die Erfüllung eines Wunschtraums: . . . Niedergestiegen zur Erde, war ein Amerikaner geworden, ein echter Patriot"[139]. Sehr oft werden die Superhelden als Bestandteile einer amerikanischen Mythologie betrachtet. Anleihen der verschiedensten Mythen sind häufig zu beobachten, ein Phänomen, das Fuchs und Reitberger wie folgt charakterisieren: „Die meisten der Superhelden beziehen so ihre besonderen Fähigkeiten aus den traditionellen Denkschemata der alten Mythen, verwandeln diese aber derart, daß sie schon wieder als ursprünglich, das heißt, neuartig im modernen Sinn anzusehen sind. Aber als Nachfolger und Reinkarnationen der antiken Heroen verkörpern alle Superhelden den auch heute noch vorhandenen Wunschgedanken nach dem Paraklet, dem Helfer, der göttergleich (als Schutzengel) den Sterblichen wunderbare Rettung bringt"[140]. Jerry Siegel, einer der Schöpfer des „Superman", sieht ihn als „ein Charakter wie Samson und Herkules und all die starken Männer, wovon ich jemals habe erzählen hören, in einem zusammengefügt“[141].

Wie oben erwähnt erblickte „Superman“ 1938 das Tageslicht. Er wurde von Jerry Siegel und Joe Shuster geschaffen. Sie hatten schon jahrelang versucht, den Strip bei irgendeinem Comic-Syndikat unterzubringen, allerdings ohne Erfolg. Als sie dann 1938 auch bei den Comic-Book-Verlegern ihren Superhelden loszuwerden versuchten, wurden ihre Bemühungen bei National Periodical Publications belohnt. Der Verlag plante gerade um diese Zeit eine neue Heftreihe, Action Comics und brauchte einen Strip als Füllgeschichte. Nach kurzer Zeit stellte sich heraus, daß „Superman“ der Grund für den Erfolg von Action Comics war. Die Popularität von „Superman“ dauert bis zum heutigen Tag an, und die Zahl der Zeichner hat das Dutzend erreicht[142].

Superman ist auf dem Planeten Krypton geboren. Seine Eltern schicken das Super-Baby mit einem Raumschiff zur Erde, da der heimische Planet sich dem Untergang nähert. Auf der Erde bekommt er Riesenkräfte und entwickelt verschiedene außergewöhnliche Fähigkeiten, wie Röntgenblick, Unverletzlichkeit, Hitzeblick etc.[143].

Das Kind wird von einem alten Farmerehepaar gefunden und später von ihm adoptiert. Schon bald wissen die Stiefeltern um die unheimlichen Fähigkeiten ihres Pflegesohnes. Sie verstehen jedoch, diese in gute Bahnen zu lenken und wirken so auf Superman ein, daß er sich immer für die Gerechtigkeit einsetzt[144]. Kent, der Farmer und Stiefvater Supermans, liefert so auch den Tarnnamen, Superman lebt unentdeckt unter dem Namen Clark Kent. Der Versuch, die wahre Identität Supermans zu entdecken, schafft ungeahnte Möglichkeiten, neue Geschichten zu erfinden, und besonders die Freundin und Kollegin Clark Kents, Lois Lane – Clark Kent ist inzwischen Journalist geworden – ahnt wohl, was sich hinter der Fassade des schüchternen Journalisten verbirgt, ohne jemals das Geheimnis lüften zu können[145].

Die „Superman“-Geschichten spielen sich auf verschiedenen Ebenen ab. So entstehen immer wieder neue Abenteuer des „Superboy“ und auch die Meriten seiner Vorfahren auf Krypton werden weitererzählt[146]. Feinde hatte Superman genug, aber bisher hat ihn noch niemand besiegen können. Wie Achill ist Superman nicht unverwundbar. Seine Ferse ist Kryptonit, ein Stoff, der für Erdbewohner ungefährlich ist, aber für Superman bedeutet er immer Lebensgefahr, wenn irgendein Feind dieses

Mittel einsetzt, um ihn zu besiegen[147]. Die Verleger von National Periodical Publications lassen ihren Superhelden in die erstaunlichsten Abenteuer geraten und haben auch dafür gesorgt, daß er nicht ohne Angehörige bleibt: denn unvermittelt taucht seine Cousine Supergirl auf[148]. Unter Vereinsamung braucht er ohnehin nicht zu leiden, denn oft darf er mit anderen Superhelden zusammen besonders heikle Abenteuer bestehen[149]. Dabei ist eine Wandlung des Superman in letzter Zeit nicht zu übersehen. Er engagiert sich in sozialen Konfliktfällen, die er selbstverständlich löst[150]. Der Held, der früher ohne Klagen die Sache der Gerechten vertrat, wird neuerdings von Zweifeln geplagt. „Ich bin fertig jemandes Superman zu sein! . . . Jahrelang habe ich davon geträumt wie ein gewöhnlicher Mensch zu arbeiten und zu leben – ohne die Verantwortung, ohne die Einsamkeit des Superman . . . Ich habe ein Recht bitter zu sein. Niemand hat ein größeres Recht. Ich habe auf den Komfort eines Heimes und einer Familie verzichtet, um weiterhin diesen Undankbaren zu helfen. Ich dachte, sie bewunderten mich – meinetwegen! Ich habe im Paradies eines Narren gelebt“[151]! So beklagt sich Superman. Diese Stimmung scheint überhaupt unter den Superhelden vorzuherrschen, eine neue vielversprechende Entwicklung der Comics scheint sich anzubahnen.

Wie „Superman“ wird auch „Batman“ von National Periodical Publications verlegt. Ein Jahr nach „Superman“ erschien „Batman“ das erstemal in Detective Comics. „Batman“ wurde von Bob Kane und Bill Finger geschaffen[152]. Er, der mit dem Jungen Robin zusammen das Verbrechen bekämpfte – inzwischen ist Robin aufs College gegangen[153] – ist kein geborener Superheld. Als Junge war er Zeuge, wie seine Eltern ausgeraubt und ermordet wurden. Am Grabe seiner Eltern gelobte er, den Mörder zu finden und gegen das Verbrechen zu kämpfen. Da sein Vater ihm ein Vermögen hinterließ, bildete er sich so aus, daß er körperlich und geistig den Verbrechern nicht zu unterliegen brauchte. Die Fledermaus – Bat – wurde sein Wahrzeichen, das den Verbrechern Angst einflößen sollte. Batman ist also kein Superheld wie Superman, sondern ein „normaler“ Mensch, der nur durch volle Ausschöpfung der ihm angeborenen Fähigkeiten zu dem wird, was er ist. Wie Superman hat auch Batman eine Geheimidentität, nämlich die des Millionärs Bruce Wayne[154]. Auch Batman wird hin und wieder von einem Batgirl assistiert[155], und auch er zeigt Tendenzen der Wandlung wie Superman, wobei hinzugefügt werden soll, daß Batman schon immer menschlicher war als Super-

man[156]. „Batman" hat in den sechziger Jahren eine Renaissance erlebt. In den USA gab es eine Flut von „Batman"-Requisiten[157].
Die Ursachen der Vermenschlichung der Superhelden sind teils in der gesellschaftlichen Wandlung, teils in der Konkurrenz des Marvel-Verlages zu suchen. Anfang der sechziger Jahre übernahm Stan Lee die Timely Comic Group und taufte den Verlag zu Marvel Comics Group um. Lee ist wohl derjenige, der am meisten für die Erneuerung der Abenteuer-Comics getan hat. Motto für seine Arbeit ist, „der Welt bewußt zu machen, daß Comic Books eine legitime, entwicklungsfähige Kunstform sind und als solche Achtung und Aufmerksamkeit von Lesern in aller Welt, unabhängig vom Alter oder Geschlecht, verdienen"[158]. Die Comics Marvels haben den Weg der Comics für die Intellektuellen geebnet, und die Erzeugnisse des Marvel-Verlages werden an der State University of New York im Literaturstudium erörtert[159]. Stan Lee kann kaum den Wünschen nach Vorträgen an Colleges und Universitäten nachkommen, wo er Vorträge und Diskussionen halten soll über die Comics, die in seinem Verlag produziert werden[160]. Er wird mit Homer verglichen, und er meint selber, daß seine Geschichten die Rolle, die „Mythen, Legenden, Liebensgeschichten und Märchen" in früheren Zeiten spielten, heute übernommen haben[161].
Sowohl inhaltlich als auch künstlerisch betritt die Marvel-Gruppe Neuland. Die Helden sind menschlicher geworden, und Selbstironie, ein in den Comics sonst unbekanntes Phänomen, funktioniert den Helden so um, daß er zugleich sein eigener Antiheld ist[162]. Jede Seite ist voll Dynamik und Handlung. Jede Seite ist als Ganzheit aufgebaut, die die Dynamik noch steigert[163]. Eine weitere Steigerung ist der Zeichenstil, der Elemente der Photographie und des Films übernimmt. Besonders der Zeichner Jack Kirby beherrscht diese Technik, die den Eindruck der Bewegung simuliert[164]. Stan Lee schrieb früher alle „Drehbücher" des Verlages, während verschiedene Zeichner diese zeichneten. Zu den besten Zeichnern zählen Jim Steranko, Jack Kirby, die inzwischen den Verlag verlassen haben, und John Romita. Die Zahl der Helden beim Marvel-Verlag ist so groß, daß es kaum möglich ist, alle aufzuzählen. Hier sollen nur einige von denen genannt werden, die in Deutschland verlegt werden.
Da ist „Der mächtige Thor" aus der nordischen Mythologie, der wie alle Superhelden eine geheime Identität besitzt. Thor kämpft mit seinem sagenumwundenen Hammer ausgerüstet gegen finstere Schurken und

Bösewichte. Er benutzt eine alte Sprache, die leider bei der Übersetzung leidet. Nicht selten muß Thor geholfen werden. Er bekommt Hilfe von seinen Kollegen aus der nordischen oder griechischen Götterwelt[165]. „Die Fantastischen Vier" bestehen aus Mr. Fantastic alias Reed Richard, der sich durch Elastizität auszeichnet, seine Frau Sue, die sich unsichtbar machen kann, ihrem Bruder Johnny Storm, der sich zu einer lebenden Fackel verwandelt und aus Ben Grimm, das Ding, ein ungewöhnliches Geschöpf, das Riesenkräfte besitzt[166]. Schließlich sei hier die u.a. von John Romita und Gil Kane gezeichnete „Spinne" erwähnt. Die Spinne alias Peter Parker, ein Student, hat die Fähigkeit an Wänden hochzuklettern erhalten, nachdem er bei der Arbeit mit radioaktivem Material einen Unfall hatte. Peter Parker leidet besonders unter seiner Geheimidentität. Er wohnt bei seiner Tante und liebt ein Mädchen namens Gwen. In dieser Serie spielt das soziale Engagement eine besondere Rolle. Die Spinne ist laut Fuchs und Reitberger der absurdeste Superheld, da er von Mißgeschick zu Mißgeschick stolpert und trotzdem weiterkämpft[167]. Der Leser wird von Mitleid erfüllt, aber gerade der Wunsch, daß ihm auch etwas Gutes widerfährt, macht diese Serie so populär. Jeder weiß doch, daß er noch weiterhin vom Pech verfolgt sein wird. Die Spinne oder Peter Parker führt ein ständiges Gespräch mit dem Leser, in welchem er seine Gedanken und Gefühle mitteilt[168]. Den Erfolg der Marvel-Helden begründet Hans Siden, Mitglied der schwedischen Serienakademie, so: „Es sind weniger stereotype und klischeebetonte, mehr menschliche und vor allem mehr humoristische Figuren"[169].

2.3. Die Comics in Europa

Comics sind und bleiben ein amerikanisches Phänomen. Amerika hat die europäische Comic-Szene maßgeblich beeinflußt, und nach 1945 wurden amerikanische Serien in Mengen nach Europa eingeführt. Trotzdem kann Europa auf eine eigene Comic-Tradition zurückblicken, die noch vor dem 2. Weltkrieg entstanden ist. Auch nach dem Krieg sind in Europa Comics geschaffen worden, die den Vergleich mit den amerikanischen nicht zu scheuen brauchen, ja neue Tendenzen sind zuerst in Europa zum Durchbruch gekommen, wie die Bedeutung der Comics für Kunst und Literatur auch hier zuerst erkannt wurde. Die Comic-Forschung fand ebenfalls in Europa ihren Ursprung.

Fast jedes Land kann eine eigene Comic-Tradition und -Produktion vorweisen. Skandinavien zum Beispiel liefert eine Reihe Witzserien. Die besten sind „Ferd'nand" von Mik und „Alfredo" von Jörgen Mogensen und Cosper Cornelius[170]. Weltbekannt wurde auch „Mumin" von dem finnischen Geschwisterpaar Tove und Lars Jansson gezeichnet[171]. Diese Serie wird von skurrilen, phantasievollen und nicht zu identifizierenden Lebewesen bevölkert. Dies ist einer der wenigen Comics, die zu Recht poetisch genannt werden können. England und Italien haben ebenfalls viele eigene Comics herausgebracht, aber das Zentrum des europäischen Comics liegt im französischen Sprachraum, wobei sehr bemerkenswert ist, daß Belgien verhältnismäßig viele herstellt. Das Geschäft wird hauptsächlich von den Verlagen Editions du Lombard und S. A. Dargaud beherrscht. Beide Verlage haben auch Eingang auf dem deutschen Markt gefunden. Zu den bekanntesten Comics dieser Verlage gehören „Andy Morgan", „Michel Vaillant" und „Luc Orient" von Editions du Lombard, sowie „Fort Navajo" und „Mick Tangy" von Dargaud[172]. Die berühmtesten jedoch sind „Tintin", deutsch „Tim und Struppi" von Edition du Lombard und „Asterix" von S. A. Dargaud.
Am 27. Januar 1972 erhielt George Remi, besser als Hergè bekannt, den Preis der schwedischen Serienakademie für das Jahr 1971[173]. Hergè bekam den Preis wohl hauptsächlich wegen seines Comics „Tintin". Er zeichnet auch die Serien „Quick et Flupke" und „Jo et Zette", die letztere hat auch Eingang auf dem deutschen Markt gefunden unter dem Namen „Jo, Nina und Jocko"[174]. 1929 erschien „Tim und Struppi" zum erstenmal in der Zeitschrift „Le XX Siècle". Das erste Abenteuer des pfiffigen Journalisten Tim und sein Hund Struppi führte sie in die Sowjetunion. Über die erste Episode sagt Hergè heute, daß sie voll Behauptungen und Vorurteilen gewesen sei, die ihn davon abgehalten haben, die Erlebnisse der beiden Helden in Buchform erscheinen zu lassen[175]. Hergè sieht sich selber in der Figur des Tim, und er möchte die Abenteuer des Tim in genau derselben Weise erleben und die entstandenen Probleme lösen[176]. Tim ist die Figur der Serie, die sich im Laufe der Jahrzehnte am wenigsten geändert hat. Das Gesicht des Helden besteht nur aus Nase, Mund und Augen, ohne Gesichtszüge. Tim ist im Grunde ein großer Junge, der sich bis heute nicht verändert hat. Zu der Gestalt des intelligenten Journalisten meint Hergè, daß alle Kinder sich mit ihm identifizieren, „was sie mit einer Serienfigur wie Micky Maus schwerer tun können. Deshalb habe ich das Gesicht des Tim nicht besonders scharf herausge-

strichen. Als der erste Timfilm aufgenommen wurde, bekam der Produzent einen Brief von einem kleinen afrikanischen Negerjungen, der schrieb, daß er glaubte, er würde sich für die Hauptrolle gut eignen"[177]. Die Zahl der Gestalten hat ständig zugenommen. So gibt es den Kapitän Haddock, der sich immer mehr zur Hauptperson der Serie entwickelt hat. Kapitän Haddock, der Vorsitzende des „Bundes Seefahrender Antialkoholiker"[178], zeichnet sich durch unmäßigen Whiskykonsum aus. Er wird jedoch von dem völligen Ruin bewahrt durch den mäßigenden Einfluß des pfadfinderhaften Tim[179]. Die Flüche des Kapitän lassen sich an Farbigkeit kaum überbieten. So stürmt er, als seine Whiskyflasche im Kampf mit räuberischen Berbern zerschossen wird, dem Feind entgegen Ausdrücke wie „Ihr Schufte! . . . Kameltreiber! . . . Banditen! . . . Räuber! . . . Ihr Wilden! . . . Feuerfresser! . . . Hausierer! . . . Feiglinge! . . . Kaffern! . . . Fremdes Pack! . . . Süßwassermatrosen! . . . Hatschi-Bratschis! . . . Gesindel! . . . Affengesichter! . . . Barbaren! . . . Teppichbetrüger! . . . Sandflöhe! . . ." ausstoßend[180]. Wie Kapitän Haddock, der sich von einem persiflierten Seemann zu einer Haputfigur entwickelt hat, hat sich auch der zerstreute Professor Bienlein von einer Parodie zur liebenswerten Person verändert. Unverändert sind die Detektive Schulz und Schultze geblieben, deren Ungeschicklichkeit sich nicht steigern läßt. Neben diesen Hauptpersonen gibt es eine Reihe Nebenfiguren, die eigene Charaktere haben. Dies ist eine Eigenart des Hergè, denn in den meisten Comics sind die Nebenfiguren nur Komparsen. Eine andere Eigenart von Hergè ist die Genauigkeit und die Detailfreudigkeit. Kein neues Abenteuer wird angefangen, ehe alle Details wie Uniformen, Flugzeugtypen, Nummernschilder, Landschaftstypen etc. untersucht sind[181]. Erstaunlich ist auch die sprachliche Differenziertheit im Ausdruck jeder Person. Sie hat ihren eigenen ganz spezifischen Ausdruck[182]. Es gibt wohl Comics, die kritischer sind, denn wie Hergè sagt: „Zeitkritik findet bei mir nicht statt, vielleicht fließt manchmal etwas davon ein, aber das ist eher unbewußt. Ich erfinde eben einfach Abenteuer, wie sie jeder Junge einmal erleben möchte, das ist alles"[183]. Eins kann jedoch über diesen Comic nicht gesagt werden, daß er stereotyp ist[184].

Erfolgreich wie selten in der Comic-Branche war seit Ende der sechziger Jahre der kleine Gallier Asterix, der dank eines Zaubertrunks und mit Hilfe seines Freundes Obelix Legionen des Cäsar in Schach hält. Auch in Deutschland hat der „Gnom von Gallien"[185] eine ungeheure Popularität erreicht, die jedenfalls in der deutschen Comic-Geschichte einmalig ist. Besonders an Universitäten und Hochschulen fanden die Sonderausgaben des Ehapa-Verlages einen reißenden Absatz[186]. „Asterix" wird von Goscinny geschrieben und von Uderzo gezeichnet. Beide sind sehr fleißig, und neben diesem Geschichts-Comic arbeiten sie zusammen oder mit anderen an zahlreichen anderen Serien. Goscinny schreibt auch den Text für „Die Abenteuer des Kalifen Harun el Pussah"[187], einen Comic aus der Epoche der 1001 Nacht, und Lucky Luke[188], eine Westernparodie. Uderzo zeichnet die Fliegergeschichte „Mick Tangy"[189]. Von beiden gemeinsam geschaffen ist die Geschichte von „Umpah-Pah", dem tapfersten Krieger seines Stammes, und seine Freundschaft mit dem französischen Kolonialoffizier von Täne, auch Doppelskalp genannt, weil er dem sonst nicht ängstlichen „Umpah-Pah", der gerade von Täne skalpieren wollte, einen entsetzlichen Schrecken einjagte, als dieser unversehens seine Perücke in der Hand hielt[190]. Das Dorf des Asterix, Kleinbonum, liegt in der Normandie und wird von einer Vielzahl origineller Gestalten bevölkert, wie dem riesenhaften Obelix, der als Kind in den Zaubertrunk gefallen war, und deshalb trotz vieler Versuche niemals davon trinken darf. Er ist Hersteller von Hinkelsteinen, deren Verwendung nie klar wird. Seine Lieblingsbeschäftigung ist es, Wildschweinbraten zu essen und die Köpfe möglichst vieler Römer einzuschlagen. Seine ganze Liebe gilt dem kleinen Hund, Idefix, der, wenn die Gallier mit ihren Zauberkräften Bäume ausreißen, in Weinkrämpfe ausbricht, eine für Hunde wohl verständliche Reaktion. Miraculix, der Druide, braut je nach Bedarf den gewünschten Zaubertrank. Häuptling des Stammes ist Majestix, der darunter leidet, daß er glaubt, daß ihm der Himmel auf den Kopf fallen könnte![191]. Troubadix, der wohl unglücklichste Mensch des Dorfes, ist der Barde, der sich für ein Genie hält, eine Meinung, die von niemandem geteilt wird. Die Folge der „Verkennung" seiner Talente ist, daß er andauernd mit brutalen Mitteln an der Ausübung seines Berufes gehindert wird. Neben diesen festen Gestalten gibt es eine Vielzahl periodisch auftauchender Figuren. Der Kampf des Asterix gegen die Römer führt ihn meist mit Obelix zusammen in die verschiedensten Teile des Römerreiches.

Nicht selten wird Kleinbonum mit dem gaullistischen Frankreich verglichen[192]. Politische Spitzen kommen recht häufig vor. So heißen die Häuptlinge der Goten, die mit Pickelhauben versehen sind, z. B. Rhetorik und Cholerik. Die Serie parodiert aber auch allgemein-menschliche Schwächen. Wie der Amerikaner Walt Kelly in seinem Strip „Pogo",

arbeiten auch Goscinny und Uderzo mit den Sprechblasen. Ein Gote „spricht“ in gotischer Schrift, ein Grieche in griechischer, und ein Ägypter in einer hieroglyphenähnlichen Bilderschrift. Lateinische Sprüche, die jedem mit nur geringen Latein-Kenntnissen bekannt sind, werden in der Originalsprache wiedergegeben. So spricht Cäsar: „Alea jacta est, wie ich zu sagen pflege!“ Der Erfolg der Sonderbände macht sich in den immer häufiger erscheinenden Ausgaben bemerkbar[193].
Deutschland kann keine lange Comic-Tradition aufweisen, da Comics im Dritten Reich verboten waren. Erst nach der Niederlage brachten die Besatzungstruppen die Comics ins Land. Den Comic-Anhängern ist es jedoch gelungen, auch vor der Zeit des Nationalsozialismus deutsche Comics zu finden. Nicht nur Wilhelm Busch wird zum ersten Comic-Zeichner ernannt – wie schon erwähnt – sondern auch viele Bildergeschichten aus „Kladderadatsch“, „Simplicissimus“ und „Fliegende Blätter“ werden zu Comics gemacht. Hierbei soll gar nicht geleugnet werden, daß z. B. „Professor Pechmann“ von Barlog oder „Vater und Sohn“ von o.e.plauen von den Comics beeinflußt worden sind oder daß sie zumindest die gleichen Stilelemente haben wie diese[194]. Zutreffend ist auch, daß sowohl die Comics als auch die politisch-satirischen Bildergeschichten von Busch sehr viel übernommen haben. Der Unterschied liegt meiner Ansicht nach in der Art der Produktion und Distribution. Wenn jedoch die Definition des Schweden Magnus Knutsson zutrifft, daß ein Comic „aus zwei oder mehr Bildern besteht, die eine Handlung oder Entwicklung wiedergeben“[195], dann läßt sich sicher sehr vieles als Comic bezeichnen. „Echte“ Comics waren viel eher Propagandablätter und -bogen, die in den Weltkriegen zur Stärkung der eigenen und zur Schwächung der Moral der anderen verbreitet wurden. Diese erreichten wie die Comics eine breite Öffentlichkeit, während Blätter wie „Kladderadatsch“ nur einer Minderheit zugänglich blieben[196].
Nach dem 2. Weltkrieg strömten die Comics auf den deutschen Markt. Natürlich waren sie am Anfang ausländischer Herkunft, die eigenständige deutsche Comic-Produktion ist bis heute sehr begrenzt geblieben. Die deutsche Öffentlichkeit war auf die Comics in keiner Weise vorbereitet, und die Verunsicherung zeigt sich besonders in der pädagogischen Literatur der fünfziger Jahre. Zu den ersten deutschen Comics gehörte „Nick Knatterton“ von Manfred Schmidt. Manfred Schmidt konzipierte seinen wöchentlich in der Illustrierten Quick erscheinenden Strip als eine Parodie auf den Comic, aber dies gelang, wie er selber zugibt, nicht,

denn sein Publikum sah darin nur den Comic[197]. Daß es eine Parodie auf die verschiedensten Dinge war, machte die Serie eben so populär, nur das Ziel Manfred Schmidts war es nach eigenem Bekunden nicht. Neben dieser als Comic doch gelungenen Serie gab es eine Fülle anderer, die durch minderwertige Qualität auffielen. Zu diesen gehörten z.B. „Sigurd, Der ritterliche Held“[198], „Tibor, Der Held des Dschungels“[199], „Ulf, Der edle Ritter“[200] und „Nizar, Der Tiger-Boy“[201]. Zeichnerisch und inhaltlich erreichten diese Comics einen Tiefpunkt, wie er in Comics jemals erreicht wurde.

Während der letzten Jahre hat der Ausstoß an Comic-Heften ständig zugenommen. Fünf Verlage beherrschen das Comic-Geschäft in der Bundesrepublik. Es sind der Ehapa-Verlag, der Williams-Verlag, der Kauka-Verlag, der Bastei-Verlag und der Moewig-Verlag, wobei die drei letztgenannten eigene Comics produzieren. Der Ehapa-Verlag verlegt so populäre Comic-Figuren wie Micky Maus, Donald Duck, Superman, Batman und Asterix. Allein „Micky Maus“ wird in einer Auflage von 437000 Exemplaren verkauft[202]. Die Schwerpunkte des Williams-Verlages liegen auf „Tarzan“ und den Marvel Comics.

Rolf Kauka, der Eigentümer des Kauka-Verlages, wurde wegen seiner Füchse Fix und Foxi bekannt. Anfänglich waren sie nur Nebenfiguren in „Till Eulenspiegel“, aber „seit 1951 ernähren mich (Rolf Kauka) Fix und Foxi“[203]. Fix und Foxi waren ursprünglich „richtige“ Tiere, die sich zu anthropomorphen Tieren entwickelten. „Fix und Foxi“ blieb nicht lange auf die Füchse beschränkt, so wurden immer weitere Gestalten hinzugezeichnet, wie Lupo, der Faulenzer und Pechvogel der Serie. Lupo hat sich mit der Zeit zur Hauptfigur von „Fix und Foxi“ gemausert“[204]. Der Verlag gibt aber neben diesem bekanntesten Comic deutscher Produktion eine Reihe anderer heraus, die auch im eigenen Verlag hergestellt werden. Dazu gehören „Die Pichelsteiner“, eine Steinzeitfamilie[205]. Hefte wie „Fix und Foxi“ werden wöchentlich in ca. 380000 Exemplaren verkauft; eine Zahl, die nur von „Micky Maus“ aus dem Ehapa-Verlag erreicht wird[206]. Besonders „Der Spiegel“ hat einen scharfen Angriff gegen den Kauka-Verlag gerichtet. Der Spiegel-Reporter Otto Köhler wirft ihm nationalistische Tendenzen vor[207]. Dies scheint mir eine Überinterpretation zu sein. Der Kauka-Verlag hatte seinerzeit versucht, Asterix und Obelix zu verdeutschen – mit allerdings geringem Erfolg. Siggi und Babarras, so hießen sie auf deutsch, mußten, wenn sie sich auszudrücken hatten, Erinnerungen hervorrufen, die die Satire der französischen Serie als plumpe Propaganda erscheinen ließ. Dies beweist jedoch nur, daß auch Comics nicht ohne weiteres in eine andere Sprache übersetzt oder in einen anderen Kulturraum verpflanzt werden können. Otto Köhler glaubt auch bei den „Pichelsteinern" nationalistische, ja sogar rassistische Merkmale gefunden zu haben[208]. „Die Pichelsteiner" zählen wohl nicht zu den besten Comics, aber Rassismus herauszulesen zu wollen zeugt doch von Überinterpretation. Kauka wirft deshalb auch den Comic-Kritikern Polemik vor[209]. Viel charakteristischer für das Zustandekommen der Kauka-Comics scheint mir, eine andere Äußerung von ihm zu sein, in welcher er den Erfolg seiner Erzeugnisse folgendermaßen begründet: „Zehn Prozent Inspiration, neunzig Prozent Transpiration!" Die Kritik sollte vielleicht eher an diesem Punkt ansetzen.

Auch im Bastei-Verlag überwiegen die ausländischen Comics, darunter „Felix", eine mißlungene Nachahmung von „Krazy Kat"[210]. Der Bastei-Verlag produziert wie erwähnt, auch eigene Comics. Dabei muß bemerkt werden, daß die meisten im Studio des Italieners Alberto Giolitti hergestellt werden. Giolitti selbst zeichnet so bekannte Comics wie „Turok, Sohn der Steinzeit" und „Rauchende Colts"[211]. Deutsche Comic-Zeichner sind sehr selten, deshalb werden deutsche Produktionen fast immer von Ausländern oder in ausländischen Studios gezeichnet. Zu den Eigenproduktionen zählen „Silberpfeil, Der junge Häuptling", „Lasso" und „Buffalo Bill", alles Serien, die im Wilden Westen spielen[212]. Giolittis Studio zeichnet auch das bekannteste Heft des Moewig-Verlages „Perry, Unser Mann im All". Diese Serie ist eine Comic-Version der Perry Rhodan-Romane. Dabei gewinnen die Comic-Hefte an Eigenständigkeit, seitdem „Perry" im Popstil gezeichnet wird. Außerdem werden seit der Erneuerung die Geschlechtsmerkmale besonders der weiblichen Figuren überbetont[213]. Früher wurde „Perry" und vor ihm sein Vorläufer „Perry Rhodan im Bild" in einem groben konventionellen Zeichenstil gezeichnet[214]. Graphisch bietet der modernisierte „Perry" eine reizvolle Erscheinung, da jede Seite wie die Marvel-Comics eine Einheit bildet. Ob der Anspruch der Comic-Hefte sowie der Perry Rhodan-Romane, Science-Fiction zu sein, zu Recht erhoben wird, darf zumindest bezweifelt werden[215]. Im Gegensatz zu den Marvel Comics ist „Perry" eine tiefernste Sache. Hier nimmt „man" sich ernst, dadurch sind die phantastischen Abenteuer des Raumhelden trotz ansprechender Zeichnung unendlich eintönig, hier kann wirklich von Trivialliteratur gesprochen werden.

2.4. Standortbestimmung der Comics in der heutigen Gesellschaft

Am Anfang der sechziger Jahre schien es, als ob die Comics ihren Höhepunkt erreicht hätten. Aber die Entwicklung der letzten Jahre zeigt, daß sie diesen noch lange nicht erklommen haben.
Marshall McLuhan meint: „Das fotografische Verbraucherzeitalter ist tot. Das bildsymbolische Zeitalter liegt vor uns“[216]. Schon 1845 hatte Rodolphe Töpffer, der Bildergeschichten zeichnete und von den „Comics-Archäologen“ als Comic-Zeichner betrachtet wird und auch von Goethe positiv beurteilt wurde, die Bedeutung des Bildes vorausgesehen. So schrieb er: „Die Bildergeschichte, wovon die Kunstkritiker keine Notiz nehmen und die selten den Gelehrten beschäftigt, hat immer einen großen Reiz ausgeübt. In Wirklichkeit mehr als die Literatur selber, denn neben der Tatsache, daß es mehr Menschen gibt, die sehen als lesen können, spricht sie besonders Kinder und die Massen an, die Teile der Öffentlichkeit, die besonders leicht verführt werden, bei welchen aber eine Erweckung besonders wünschenswert ist. Mit ihrem doppelten Vorteil von größerer Kürze und größerer relativer Klarheit sollte die Bildergeschichte, wo alle Dinge gleich sind, die anderen hinausdrängen, weil sie mit größerer Lebendigkeit eine größere Anzahl Gemüter anspricht und auch weil der, der eine solche Methode anwendet, in jedem Wettbewerb einen Vorteil gegenüber denjenigen hat, die in Kapiteln sprechen“[217]. In Europa spielen die Comics noch nicht die Rolle, die sie in Amerika spielen. Dies scheint allerdings in den nächsten Jahren anders zu werden. Neben den zahlreichen Comic-Neuerscheinungen erscheinen auch Bücher und Zeitschriften, die sich mit dem Thema auseinandersetzen. Die Comics erfüllen alle Merkmale des Massenmediums. McLuhan vergleicht so die Comics mit dem Fernsehen und sieht auch den Rückgang der Comics in den sechziger Jahren in der Rivalität zwischen den beiden Medien. Er sagt aus, daß die Comics sich neben dem Fernsehen durchaus halten können. Sie fordern dazu auf, zu vervollständigen und zu ergänzen[218]. Die Diskussion über die Comics und ihre Bedeutung für Kinder wird so schnell nicht wieder aufhören, und auch ihre Einwirkung auf andere Gebiete der Kultur wird noch lange im Gespräch bleiben. Ob man diese Entwicklung gutheißt oder nicht, ist von geringer Bedeutung, und wenn heute noch Äußerungen gemacht werden wie, „so legen wir statt Comics lieber schöne Kinder- und Jugendbücher – im Jahr für DM 25.000 – als gute Gabe unter den Weihnachts-

baum der Schulen und Familien. Dem massig geschäftstüchtigen Comics- und Groschenheftchenangebot setzen wir bewußt und mit anhaltendem Erfolg ein besseres gegenüber“[219], dann muß der Verfasser L. Hell sich fragen lassen, wo denn dieser Erfolg zu beobachten ist und welche Kinder in den Genuß der „guten Gabe“ kommen? Natürlich ist eine solche Aktion gutgemeint, aber sie trägt nicht zur Eindämmung der angeblichen Gefahr bei. Wenn L. Hell weiterschreibt: „Wir sind und bleiben der gewonnenen, praktisch fundierten Überzeugung, daß so der Schuljugend nicht nur eine hungrige angenommene schöne freudvolle Gabe, sondern auch ein bißchen Lebenshilfe geboten wird, lotet doch echte Jugendliteratur alle Höhen und Tiefen des Daseins aus, jedoch nicht in für viele psychisch und milieubedingt gefahrbringender Art der Comics und dergleichen“[220] und er das umstrittene Urteil der New Yorker Oberärztin Hilde Mosse kritiklos übernimmt, „auch die deutschen Kinder werden von den Groschenheften zu perfekten Kriminellen gemacht“[221], so muß er sich wiederum fragen lassen, welche Comic-Kenntnisse er besitzt. Hier wird an der Wirklichkeit vorbeigeredet, denn statt die Comics zu verdammen, sollte viel eher überlegt werden, wie die Comics, die auch nach Ansicht von L. Hell nicht auszurotten sind, nutzbar gemacht werden können, denn „was vom Lehrer verlangt wird . . . ist Offenheit für unkonventionelle Befruchtungen“[222]. Gerade der herkömmliche Unterricht hat den „Abstraktbegabten“ gefördert, während der „Bildbegabte“ oder „Konkretbegabte“ unter dem „Wort“ gelitten hat[223]. Die Aufgabe des Pädagogen muß sein, die Qualität der Comics zu verbessern. Denn zu behaupten, es gäbe keine guten Comics, wäre Philistertum. Außerdem muß L. Hell die Ausdrucksfähigkeit der Comics für die Schule nutzbar machen, oder wie Lidmann schreibt: „Das neue pädagogische Alphabet, das im Bildzeitalter sich entwickelt, ist im Prinzip unendlich. Die Pädagogen, die Graphiker, die Illustratoren, die Comic-Zeichner und die Reklameleute bereichern es ununterbrochen mit neuen Zeichen“[224].
Selbstverständlich hat der Anspruch der Comics, Literatur und Kunst zu sein, heftige Diskussion ausgelöst. Schon 1964 schrieb H. C. Artmann in einem Roman: „In einigen zwanzig Jahren wird man über diese „Comic Epoche“ tiefgründige abhandlungen schreiben . . . und somit über das, was eben noch ignoriert, aufs subtilste klugscheißen . . . Ich aber sage: Pop-literatur ist heute einer der wege (wenn auch nicht der einzige), der gegenwärtigen literaturmisere zu entlaufen. Anzeichen sind bereits überalll zu merken . . .“[225]. Diese provokative Äußerung des H. C.

Artmann drückt treffend aus, welche Barrieren zu überwinden sind, aber er sah auch voraus, daß die Comic-Literatur zukünftig eine andere Rolle spielen wird, eine Rolle, die sie seit wenigen Jahren schon zu spielen begonnen hat. Die Bedeutung der Comic-Literatur ist bis zum heutigen Tag von den Literatur-Kritikern umstritten. So gibt es keine Literatur-Geschichte, die auch nur eine Seite den Comics oder anderen Formen der Massen-Literatur einräumt. Dabei übt gerade diese Literatur einen ungeheuren Einfluß auf den größten Teil der Bevölkerung aus. Es ist weltfremd anzunehmen, daß die „Hochliteratur" jemals diese Rolle spielen wird, die man sich vielleicht wünschen könnte, wobei die Frage unbeantwortet bleibt, ob das geschriebene Wort allen Teilen der Bevölkerung gerecht wird. Wenn Literatur-Wissenschaft ernst genommen werden will, muß sie sich neben der Beschäftigung mit der „Hochliteratur" auch mit der „Trivialliteratur" befassen, denn es kann nicht Zweck einer Wissenschaft sein, nur die Literatur zu studieren, die von einer Minderheit gelesen wird, während die Lesegewohnheiten des überwiegenden Teiles der Bevölkerung unberücksichtigt bleiben.

Die Comics haben wie andere Formen der Massenliteratur eine Tradition. Sie sind nur ein Teil der Massenunterhaltung, die wohl im Fernsehen ihren vorläufigen Höhepunkt erreicht hat. Der Anfang der Massenliteratur liegt am Anfang des 19. Jahrhunderts. Ein Merkmal der Massenunterhaltung ist, daß sie billig und im großen Umfang angeboten wird. Dabei stehen die Schöpfer unter erheblichem Zeitdruck, da sie in den meisten Fällen innerhalb einer bestimmten Zeitspanne, die je nach Art der Unterhaltung variieren kann, Fortsetzungen hervorbringen müssen. Wer in diesem Verfahren allein einen Ansatzpunkt für Kritik sieht, müßte manchen Klassiker der Literatur, der Kunst, der Musik und des Films aus demselben oder ähnlichen Grund kritisieren, denn sehr viele Künstler haben auf Bestellung zu einem bestimmten Zeitpunkt ein Werk liefern müssen, ein Werk, das später in die Kulturgeschichte aufgenommen wurde. Wie oben schon erwähnt, ist der Unterschied in der Arbeitsweise eines Charles Dickens und eines Jim Steranko, der eine ein Klassiker der Literatur, der andere ein Comic-Zeichner, nicht allzu groß. Charles Dickens veröffentlichte einige seiner Werke in einem Verfahren, das man ohne weiteres mit dem der Comic Books vergleichen kann[226]. Damit soll nicht behauptet werden, daß Comics denselben Wert besitzen wie die Werke von Dickens oder einem anderen Künstler, wenn es auch sehr wahrscheinlich ist, daß einige Comic-Zeichner in der Zukunft als

Klassiker bezeichnet werden. Da die Comics jedoch eine Synthese von Wort und Bild anstreben, ist es notwendig, die Comics unter dem Aspekt der bildenden Kunst zu sehen, ehe Schlüsse über den künstlerischen Wert gezogen werden können.

Während der Einfluß der Comics auf die Literatur nicht ohne weiteres zu erkennen ist, gibt es einige Beispiele dafür auf die bildende Kunst. Besonders bei den sogenannten „Pop-Künstlern" läßt sich der starke Einfluß der Comics gut nachweisen, so bei Roy Lichtenstein, aber auch bei Andy Warhol. Lichtenstein versteht seine aus dem Zusammenhang genommenen und stilisierten Comic-Bilder als einen „rein amerikanichen Mythos"[227]. Seine Bilder sind nach Ansicht vieler satirisch gemeint. So sieht „Der Spiegel" darin „profane Kultbilder für Comic-Konsumenten"[228]. Ob sie auch so gemeint sind, scheint zumindest zweifelhaft[229]. Das Kunstverständnis der Pop-Künstler deckt sich nicht mit dem herkömmlichen: der Pop-Künstler Claes Oldenburg drückt dies so aus: „Ich bin für Kunst, die man an- und ausziehen kann, wie Hosen, und die wie Socken, Löcher bekommt; Kunst, die gegessen werden kann wie ein Stück Kuchen"[230]. Von Museumsdirektor Dr. Werner Schmalenbach anders ausgedrückt: „Die Stile lösen einander in einem solchen Tempo ab, daß die Kunst von Montag am Dienstag schon vergessen ist"[231].

Seit einigen Jahren werden Comic-Ausstellungen veranstaltet. So fand 1967 eine im Louvre statt[232]. Diese kulturelle Aufwertung hat ohne Zweifel das Selbstverständnis der Comic-Zeichner gestärkt. Schon sehr frühzeitig haben Comic-Anhänger eine Beziehung zwischen den Comics und der „Hochkunst" hergestellt. Besonders Harold R. Foster und Burne Hogarth wurden mit klassischen Malern verglichen. So reizvoll eine solche Beschäftigung auch sein kann, sie berücksichtigt nicht die besonderen Gesetze der Comics, sie dient nach der Ansicht von Fuchs und Reitberger als Legitimation, um „ein wenig Kultur-Aura" zu bekommen[233]. Die meisten Comic-Zeichner haben keine Kunstschule besucht. Sie haben in der Regel als Werbezeichner angefangen, um später ihrer „Berufung" nachzugehen, denn Fuchs und Reitberger meinen, daß fast alle Comic-Künstler aus Berufung Comics zeichnen[234]. Stan Lee, der Erfinder der Marvel-Comics, hat wohl am meisten dazu beigetragen, daß die Comics als eigene Kunstform wie z. B. der Film anerkannt werden[235]. Der Däne Per Kirkeby stellt folgende Kriterien für eine Comic-Kritik auf:

1. „Comics sind Bilder mit Text, die in einer bestimmten Reihenfolge angebracht sind . . .“
2. „Ein Comic bildet seine eigene Welt . . .“
3. „Text und Bild können sich auf viele unterschiedliche Weisen zueinander verhalten . . .“
4. „. . . Comics sind hauptsächlich Welten von Bildern . . .“
5. „Comics sind Unterhaltung . . .“
6. „Donald Duck ist wie bekannt kein Mensch, aber er ist auch nicht eine Ente, er ist eine Figur aus einem Comic . . .“
7. „Comics sind ja nur Abenteuer . . .“[236]

Fuchs und Reitberger definieren die Kriterien so: „Die Kunst der Comics liegt im perfekten Eskapismus, und hierin entwickelten sie eine eigene Ästhetik: Entscheidend ist, wie perfekt wie fesselnd und dynamisch eine Geschichte erzählt wird mit Bild und Text, wie sehr sich Wort- und Bildwitz ergänzen. Schlecht, also effektlos, sind zuviele Worte, wenn ein Bild stärker wirken würde. Auf die Wechselwirkung von Bild und Text kommt es an. Ferner sind die Comicbilder auf die verschiedenen „Kamerastandpunkte“ und die „Montage“ hin zu untersuchen. Dabei können natürlich gewisse Präferenzen des Zeichners als Stilmittel eingesetzt werden, denn jeder Künstler hat seine eigene „imagery“, seine Bildsprache, seinen Stil“[237].
Wenn diese Kriterien für die Kunstform „Comic“ anerkannt werden, und es gibt an und für sich keinen Grund, dies nicht zu tun, dann muß erkannt werden, daß ein Vergleich mit der Literatur und der bildenden Kunst nicht gestattet ist, da die Voraussetzungen für jede Kunstform anders sind. Innerhalb der einzelnen Kunstform gibt es wieder verschiedene Merkmale, die die einzelnen Gattungen betreffen. Ähnliches kann dann auch von den Comics behauptet werden. Statt zu vergleichen, müßte man gegenseitige Beeinflussungen aufzeigen. Diese sind eben schon erörtert worden. Hier soll nur die Meinung des Italieners Leonardo Becciu hinzugefügt werden. Becciu meint, daß die heftige Auseinandersetzung um die Comics in Deutschland von dem Konservatismus der deutschen Sprache herrührt. Weiter glaubt er, daß die Comics und die Werbesprache einen positiven Einfluß auf die deutsche Sprachkultur ausüben werden[238].
Besonders der Film hat seit seiner Erfindung eine enge Beziehung zum Comic gehabt. Zur Zeit des Stummfilms war die Verwandtschaft natür-

lich viel enger, da beide Medien mit Bildern ohne gesprochene Sprache auskommen mußten. Die Comics benutzten Sprechblasen, der Stummfilm Zwischentexte. Schon sehr früh wurden Stoffe der Comics vom Film übernommen, und sehr viele Helden der Comics fanden sich auf der Leinwand wieder. Aber auch der umgekehrte Weg wurde begangen. So erschien Charlie Chaplin, Dick und Doof und andere Größen des Stummfilms in Comic-Heften. Das Fernsehen hat diese Tendenz weiter gefördert. Fernsehreihen wie „Flipper", „Solo für UNCLE" und „Rauchende Colts" konnten von Anhängern in den Comic-Heften nachgelesen werden.

Wichtiger als der Austausch von Themen ist die gegenseitige Übernahme von Techniken. Nicht wenige Comic-Zeichner haben Verfahren des Films übernommen. Nahaufnahmen, Tiefe und Schatten und Schnitttechniken sind Verfahren des Films, die in die Comics Eingang gefunden haben. Viele moderne Filmemacher haben sich von den Comics beeinflussen lassen. Da sind Jean-Luc Godard, Alain Resnais und Frederico Fellini, die Reihe ließe sich um einige andere berühmte Namen ergänzen. Alain Resnais hat sich auf besondere Weise für die Comics engagiert. So soll er, als er mit Al Capp, dem Schöpfer von „Li'l Abner" zusammentraf, gesagt haben: „Alles, was ich über Erzähltechnik weiß, habe ich durch das Studium Ihres unsterblichen Mythos gelernt"[239]. Er ging noch weiter und fügte hinzu, daß dieser Mythos die „dominierende künstlerische Inspirationsquelle"[240] seines Lebens gewesen sei. Fellini, der als junger Mann die „Drehbücher" für „Blitz Gordon" schrieb, da Mussolini die amerikanische Fassung in Italien verboten hatte, gibt an, daß er „kaum noch etwas anderes" (als Comics) lese[241]. Auf die Frage nach dem Einfluß der Comics auf seine Filme antwortet er: „Gewiß bin ich von den amerikanischen Comic strips beeinflußt worden, wie sicher von allem, was sich auf meine Kindheit bezieht, die Filme von Chaplin zum Beispiel. Ich glaube, daß die ersten Mythen, mit denen ein Mensch in Berührung kommt, immer einen großen Einfluß auf sein Leben haben. Sicherlich haben mir diese Geschichten, die ich in großen Dosen absorbierte, in einem Alter, da jede Reaktion aus einer starken emotionalen Frische kommt, einen gewissen Geschmack für das Abenteuer vermittelt, für das Phantastische, für das Groteske und den Humor. Ja, in diesem Sinne kann man in den amerikanischen Bildergeschichten vielleicht eine tiefliegende Wurzel meiner Filme sehen. Von ihren unperspektivisch gezeichneten Personen und Landschaften sind in mir fröhlich-traumatische Bilder haften geblieben, die in bestimmten Augenblicken wieder auftauchen. Die unbewußte Erinnerung daran hat den figurativen Aspekt und die Struktur meiner Filme bedingt. Das ist ziemlich sicher. Weil ich die Comic strips mit meinen Kinderaugen gesehen habe, mußten sie meine Filme beeinflussen"[242].

Am augenscheinlichsten ist die Verwandtschaft der Comics zum Zeichentrickfilm. Sehr viele Comic-Zeichner haben Zeichentrickfilme gemacht. Nicht selten sind aber auch Zeichentrickfilme zu Comics geworden. Der bekannteste Zeichentrickfilmmacher ist Walt Disney mit seinen in der ganzen Welt bekannten Figuren Micky Maus und Donald Duck. Im Fernsehzeitalter hat Disney jedoch viele Nachahmer gefunden. Das deutsche Fernsehen hat schon die „Familie Feuerstein"[243] und „Die Jetsons"[244] von Hanna-Barbera gesendet, sowie „Schweinchen Dick"[245] und „Bugs Bunny"[246].

Natürlich spielen die Comics auch auf anderen Gebieten eine gewisse Rolle. Es wäre z.B. interessant zu untersuchen, in welchem Umfang Comics in der Politik und in der Werbung eingesetzt werden. Um die Ausbreitung der Comics in der Werbung festzustellen, braucht man sich nur die Anzeigenseiten der Zeitungen und der Illustrierten genauer anzuschauen. Dabei kann beobachtet werden, daß immer mehr Anzeigen in der Form der Comics gedruckt werden.

Von einer echten Comic-Forschung zu sprechen, ist noch verfrüht, wenn auch einige Ansätze vorhanden sind. Einige Einrichtungen in den USA, Frankreich und Schweden bemühen sich darum. Die Forschung leidet darunter, daß sich vor allem Comic-Liebhaber mit dem Thema beschäftigen. Ziel einer Forschung müßte es sein, die Wirkung der Comics unter verschiedenen Aspekten zu untersuchen. Ebenso sollten mögliche Gehalte einer näheren Betrachtung unterworfen werden. Aus dieser Forschung heraus sollten Anregungen für die Comic-Zeichner, aber auch für die Comic-Produzenten kommen.

Die Forschung hat sich zu einseitig mit der Geschichte der Comics befaßt. Außerdem ist sehr viel Aufwand mit der Definition des Comics betrieben worden, so interessant diese auch sein mag[247]. Die Comic-Zeichner und Comic-Liebhaber scheinen eine kritische Analyse unter verschiedenen Aspekten vermeiden zu wollen. Wenn dies nach den Angriffen besonders in den fünfziger Jahren auch verständlich ist, so sollte es im Interesse der Comics ebenso eine Selbstverständlichkeit sein, die Comics kritisch zu analysieren. Comics beanspruchen nicht, todernst sein zu wollen, aber in der Auseinandersetzung um die Comics verlieren sowohl Kritiker als auch Befürworter manchmal das rechte Maß. So bezeichnet Georg Hensel in der Jugendschriften-Warte „die Bilderbogen als Bilderdrogen“ . . . „und wer süchtig wird, geht als Leser zugrunde. Was von ihm übrig bleibt, ist ein Konsument von Baby-Hieroglyphen, der, ein buntes Heft vor Augen, geistig für immer im Lall-Alter bleibt“[248]. Die Reaktion zweier Befürworter scheint mir ebenfalls übertrieben: „Es hat gute Comics und schlechte Comics gegeben, und Kinder, die sie gelesen haben, sind sowohl Axt-Mörder als auch Rhodes-Schüler geworden, und das Versagen bei der Unterscheidung zwischen Gut und Böse heißt, die Art des Denkens zu praktizieren, die eine ganze Rasse zur Sklaverei oder zu den Gaskammern verurteilt[249].

Pauschalurteile und Verallgemeinerungen müssen immer mit Vorsicht behandelt werden. Sie können natürlich auch keine Gültigkeit in der Diskussion um die Comics haben. Niemand – auch Pädagogen nicht – denkt daran, das Fernsehen in seiner Gesamtheit zu verurteilen – höchstens einzelne Sendungen – ebensowenig sollten die Comics generell verdammt werden, sondern jeder Comic müßte für sich betrachtet werden.

3. Eine Analyse der Comics

3.1. Soziologische Analyse der Comics

Eine soziologische Analyse *der* Comics schlechthin ist kaum möglich, da es so viele Comic-Typen gibt, daß eine Analyse, um genau zu sein, sich mit jeder Gattung einzeln befassen müßte. Hier sollen nur die zwei wichtigsten Gattungen, nämlich die Witz-Comics und die Abenteuer-Comics genannt werden.

Flash Gordon (Blitz Gordon) besucht zusammen mit seiner Verlobten Dale Arden und dem Wissenschaftler Dr. Zarkow den Planeten Mongo[250]. Hier treffen sie auf eine fortgeschrittene Technik, die, wenn man in Betracht zieht, daß Alex Raymond diese Episode zwischen 1938 und 1940 zeichnete, utopisch anmutet. Während des Aufenthaltes auf diesem fremden Planeten unternehmen die Erdenbewohner ausgedehnte Expeditionen, die sie in Berührung mit urtümlichen Menschen und Tieren bringen. Innerhalb weniger Folgen muß sich also Flash Gordon mit der Technik der Zukunft und den Monstren der Vergangenheit auseinandersetzen. Daß er beides schafft, braucht kaum erwähnt werden.

Diese Mischung von Vergangenheit, Gegenwart und Zukunft spielt in vielen Abenteuer-Comics eine wichtige Rolle. Auf diese Weise sind der Phantasie des Comic-Zeichners keine Grenzen gesetzt. Er kann seinen Helden unabhängig von Zeit und Raum agieren lassen. Nicht alle Comic-Helden bewegen sich durch die Zeit und durch die Räume. Ein Beispiel hierfür wäre Rip Kirby, auch von Raymond geschaffen. In seinem Buch über Comics zählt Baumgärtner folgende Räume der Comics auf: der Dschungel, die Prärie, das Meer, die Welt der Zukunft und die Welt der Ritterzeit[251].

Leider zeigt auch diese Aufzählung, daß Baumgärtner nur ungenügend über Comics Bescheid wußte, als er dieses Buch schrieb. Er schreibt: „Die Zivilisationswelt steht in den Comics in einem doppelten Sinne ‚am Rande‘ – im übertragenen Sinne, denn ihre Bedeutung ist gering, und im wörtlichen Sinne, da Städte, Straßenbahnen, Eisenbahnen, Flugplätze, Polizeistationen usf. nur als schmaler Saum von Urwald, Prärie und

Meer scheinen"[257]. Eine solche Äußerung ist nicht gerechtfertigt, da eine Reihe Comics in der Stadt spielen. Hier sollen nur „Superman", „Batman" und „Rip Kirby" genannt sein[253].

Die Freiheit des Zeichners, sich in Zeit und Raum zu bewegen, hat schon absonderliche Geschichten hervorgebracht, aber gerade die Ausnutzung dieser Freiheit hat die wohl besten Abenteuer-Comics, die Marvel-Comics hervorgebracht. Die Comics setzen im Grunde nur die Tradition der Märchen, der Sagen und der Mythen fort. Auch dort können – nur mit anderen Mitteln – die Helden sich durch Zeit und Raum bewegen.

Bei den Comics, die mit Witz und Humor arbeiten, gelten diese Grundsätze nicht. Die Zeichner solcher Comics wissen, daß die Menschen am leichtesten über den Nachbarn (sich selber) lachen. Wenn auch manche dieser Comics in der Vergangenheit spielen, bleiben sie orts- und zeitgebunden, der Dialog bezieht sich auf die Gegenwart. Die Ursache dieses Unterschiedes ist, daß die Abenteuer-Comics die Aufgabe der Märchen, Sagen und Mythen übernommen haben. Hier werden Identifikations-Figuren gesucht, die dem Leser durch ihre außergewöhnlichen Taten die Möglichkeit geben, vor der Wirklichkeit zu flüchten. Der Witz-Comic dagegen hat die Rolle der satirischen Bildergeschichte übernommen. Gerade der moderne Witz-Comic zeichnet sich durch scharfe Satire aus.

Wie sieht nun der Held des Abenteuer-Comics aus? Die Zahl der Helden in Abenteuer-Comics ist sehr groß, und es scheint fast unzumutbar, von *einem* Heldentyp zu reden. Baumgärtner nennt ihn „gleichförmig" und „bloße Figur"[254]. Er schreibt weiter, daß der Held im Kampf gegen das Böse das Gute verkörpert, daß er ohne Zweifel an sich und seinem Tun charakterlos dahinlebt[255]. Er wird in dieser Ansicht von Helmut Reinhardt unterstützt: „Fast alle Helden leben, besser vegetieren, entwicklungslos. Sie sind in Wirklichkeit Ungeheuer ohne Bewußtsein, Roboter ohne Empfinden; sie *sind,* sie *werden* nicht, wie dies der Mensch in dauerndem Entäußern an die Welt und der damit verbundenen Verinnerlichung seiner selbst zu tun genötigt ist, wenn er ein wahrer Mensch werden will"[256].

Zugegeben, es gibt solche Helden, wie sie Baumgärtner und Reinhardt beschreiben. Das Material, das Baumgärtner für sein Buch herangezogen hat, zeigt fast ausschließlich solche Helden, aber auch unter diesen müßte differenziert werden. Sigurd und Tibor, zwei von Baumgärtner genannte Helden, treffen völlig auf die Beschreibung zu[257]. Andere könn-

ten genannt werden, aber diese mit allen Comic-Helden gleichzusetzen, ist nicht möglich.
Können Comic-Helden denn nicht an sich zweifeln? Ein sehr gutes Beispiel hierfür sind die zwei Superhelden Grüne Laterne und Grüner Pfeil. Grüne Laterne muß, um die Superkraft zu behalten, zu einer Laterne zurückkehren, die er von einem aus dem Weltraum Verunglückten erhalten hat[258]. Beim „Auftanken“ sagt er folgenden Spruch: „Am strahlendsten Tag, in schwärzester Nacht, das Licht der Grünen Laterne wacht! Wer der Erde Drohung und Leid gebracht, soll fürchten der Grünen Laterne Macht!“ Im Anschluß an diese Szene sieht man folgende Gedankenblasen: „Früher dachte ich, daß dieser Energiering, zusammen mit meinem Eid, meinem guten Willen und meiner Macht ausreichend wäre, um der Welt Gerechtigkeit zu bringen! Damals konnte ich nur zwischen schwarz und weiß unterscheiden! Ich wußte nicht, daß die Welt grau ist, nichts als grau!“[259] Grüner Pfeil, der seine Feinde durch wohlgezielte Schüsse kampfunfähig macht, tötet durch einen Fehlschuß einen Banditen. Fassungslos sucht er ein Kloster auf und bittet: „Helf mir, heiliger Mann . . . helf mir . . . mir zu vergeben!“[260]. Als Prinz Eisenherz den Tod seines Freundes in Wut rächt und dabei zahllose Feinde niedermäht, berichtet die Geschichte weiter: „Nur langsam kann er sich beruhigen. Und als er zurückblickt, sieht er mit Schrecken, was er in seinem Zorn angerichtet hat. Dem toten Edwin (sein Freund) wird es herzlich gleich sein, ob ein paar Feinde mehr oder weniger aus Rache für ihn dran glauben mußte . . . das bringt ihn auch nicht wieder zum Leben . . .! ‚Nie mehr will ich das Singende Schwert führen!‘ ruft er. ‚An ihm klebt Blut, das im Zorn vergossen wurde!‘ Entschlossen schleudert er sein Singendes Schwert ins Meer. Die kostbarste Waffe, die jemals ein Ritter besaß, versinkt in den Fluten . . . ‚Ich bin nicht mehr wert, diese edle Waffe im Kampf zu führen“[261]. Weitere Beispiele sind genug vorhanden. Den Comic-Helden als Typ gibt es nicht. Natürlich kämpfen die Helden für das Gute, aber nicht alle Helden sind ohne menschliche Schwächen. Ein Zeichen der Qualität eines Comics ist es eben, daß die Stereotypen möglichst vermieden werden. Einige Helden können durchaus in seelische Konflikte geraten. Comics, die sich über Jahrzehnte gehalten haben, können den Helden ohne Charakter nicht haben, denn solche Helden werden früher oder später mit dem Heft eingehen. Maßgebend für die Qualität und Lebensdauer eines Helden sind eben die zeichnerischen und erzählerischen Fähigkeiten des „Verfassers“. Die Zu-

rückweisung des verallgemeinernden Vorwurfs von Baumgärtner soll nicht darüber hinwegtäuschen, daß für viele Helden die Vorwürfe stimmen. Wenn ich von Qualität spreche, dann heißt das nur, daß diese Comics im Vergleich zu anderen qualitätsvoll sind.

Baumgärtner erhebt einen Vorwurf gegen die Comics, indem er glaubt, „einen Ausdruck jener verhängnisvollen Strebungen zu erblicken, die in allen reaktionären Versuchen, der angemessenen Bewältigung einer komplizierten Wirklichkeit durch den Rückgriff auf die Barbarei auszuweichen, wirksam werden. Der Glaube an die Faust des Comic-Helden steht dem an die Rasse, an Blut und Boden oder – um dem Ursprungsland der Bildergeschichten gerecht zu werden – an Pionier- und Grenzergeist recht nahe". Er fährt fort: „Hier zeichnet sich die Haltung ab, die das Auftreten von Diktatoren und Diktaturen überhaupt erst möglich macht. Die Besessenheit der Comic-Leser von der Figur des ungebrochenen, alle Probleme mit den einfachsten Mitteln lösenden Helden zeigt mit abschreckender Deutlichkeit, wie leicht es sein könnte, jenes Gespenst ins Leben zurückzurufen"[262].

Hier scheint mir Baumgärtner Ursache und Wirkung verwechselt zu haben. Die Ursache liegt doch nicht im Lesen von Comics, sondern das Übel liegt in der Gesellschaftsstruktur. So gesehen ist der erweiterte Comic-Konsum doch eine Folge der Übelstände der Gesellschaft, denn wenn die Gesellschaft dem Bürger bei der Lösung seiner Probleme nicht helfen kann oder will, sucht er nach Möglichkeiten zur Flucht aus der Gesellschaft. Er kann Zuflucht in der Scheinwelt der Comics finden, und ob man dies gut findet oder nicht, durch die Identifizierung mit dem Comic-Helden befriedigt er seine Wünsche. Ein anderer Ausweg ist die Suche nach Ideologien, die Patentlösungen anbieten. Der zweite Weg scheint mir viel gefährlicher, und deshalb ist mir die Behauptung Baumgärtners unverständlich. In diesem Zusammenhang scheint mir eine Äußerung von Bazon Brock, dem umstrittenen Kunstdozenten, nicht ohne Bedeutung: „Ein Parteiprogramm der NS wäre als Comic-Strip undenkbar, da der offensichtliche Schwachsinn in der enthüllenden Bildlichkeit zunichte würde und die erhebliche Phasenverschiebung von Bild und Text eine derartige Kontrolle ausüben würde, daß nur noch Unvorstellbares übrigbliebe: also Ablehnung"[263].

Die Helden der Witz-Comics, die eigentlich keine Helden, sondern viel eher Pechvögel sind, sind nicht so umstritten wie die der Abenteuer-Comics. Die Fülle der Helden in den Witz-Comics lassen jedoch ebenso-

wenig eine verallgemeinernde Darstellung zu wie bei den Helden der Abenteuer-Comics. Die Reihe der „Helden“ reicht vom vertrottelten von allen tyrannisierten Dankwart (Dagwood)[264] über die absurden Gestalten des „Homo Sapiens“ (B. C.)[265] bis zum seine Frau und Umgebung terrorisierenden Asozialen Willi Wacker (Andy Capp)[266]. Es gibt Figuren, die durch ihre Ungeschicklichkeit zum Lachen bringen, andere können durch stillen Humor das Schmunzeln hervorrufen. Besonders bei den Witz-Comics ist der Reichtum an abwechslungsreichen Gestalten schier unerschöpflich.
Wie die Helden haben sich deren Gegner mit der Zeit gewandelt. Bei der Betrachtung der Gegner der Comic-Helden muß ebenfalls differenziert werden. Es ist nicht möglich, den Typus des „Bösewichts“ zu beschreiben. Auch bei diesem Teilaspekt der Comics werde ich mich mit den Thesen und Meinungen des Alfred Clemens Baumgärtner auseinandersetzen. Meiner Meinung nach hat er sein Material einseitig ausgesucht. Manche seiner Behauptungen haben ohne Zweifel Gültigkeit für einige Comics, aber sie gelten eben nicht, wie es Baumgärtner hinstellt, für „die Welt der Comics“ im allgemeinen.
Für die „Widersacher“ der Comic-Helden findet Baumgärtner zwei Motive: „Die Gier nach Besitz und die Gier nach Macht“[267]. Diese Gier fordert also den Helden zum Kampf heraus. In den Augen Baumgärtners stellen die Comics „den Widersacher“ als einen Menschen dar, der, zum Verbrechen prädestiniert, nur böse sein kann[268]. Er ist im voraus schon zur Niederlage verurteilt. Baumgärtner findet einige Bedenklichkeiten beim Helden, so übt er gerne Selbstjustiz, Gerichte gibt es nicht. Besonders bedenklich erscheint Baumgärtner die Darstellung des Verbrechers, und zur Erhärtung seiner Bedenken zitiert er Hilde L. Mosse, die dazu meint, „daß die positive, starke, erfolgreiche Figur fast ausschließlich groß und blond ist, während die negativen Charaktere entweder Wilde, Affenmenschen, Neger, Juden, Indianer, Italiener, Chinesen oder Japaner sind“[269].
Selbstverständlich lassen sich Comics finden, auf die diese Kritik zutrifft. Jeder Comic müßte wieder für sich gesehen werden, deshalb hier zwei Beispiele, die etwas über die Vielseitigkeit der Comics aussagen:

1. Der Tiger-Boy Nizar, ein blonder, blauäugiger Dschungelheld, hilft einem im Urwald verunglückten Piloten aus der Gewalt wilder Eingeborener[270]. Es stellt sich heraus, daß der übrigens auch blonde

Pilot von seinem Kollegen und dessen Komplizen betrogen worden ist, da sie die Goldladung des Flugzeugs gestohlen haben. Da die Verbrecher als Südländer mit böshaft verzerrten Gesichtern dargestellt werden, stellen sie den Typ des von Baumgärtner beschriebenen Verbrechers dar. Am Ende siegt Nizar mit Hilfe der Tiere des Urwaldes, und die Verbrecher können vom blonden Piloten abtransportiert werden.

2. In einem Tarzan-Abenteuer von Russ Manning versucht Auric, der Führer einer Banditen-Armee, der dem von Baumgärtner aufgezeigten Verbrechertyp nicht ähnelt, den Urwald zu unterwerfen[271]. Er will, wie er dem gefangenen Tarzan sagt, „die Wilden befreien, die du ausgebeutet hast". Er fährt fort: „Jetzt hat der Dschungel einen *neuen* Herrn. Und ich werde bald zeigen, was moderne Maschinen und Arbeitsmethoden für die Wilden tun können"[272]. Die Wilden allerdings wollen von Auric nichts wissen und verhelfen der Armee zur Niederlage. Auric kann jedoch mit Tarzans Frau Jane als Geisel in das im Urzustand verbliebene Land Pal-ul-don fliehen[273].
   Nach vielen Abenteuern werden Tarzan, Auric und Jane mit einigen anderen von einem sklavenhaltenden Volk von Zauberern gefangen genommen[274]. Hier verliebt sich Auric in die schöne Ju-Ra aus dem mit einem Schwanz versehenen Volk der Ho-don. Gemeinsam befreien Tarzan und Auric sich und die Sklaven. Auric beschließt zum Schluß des Abenteuers in Pal-ul-don bei seiner Ju-Ra zu bleiben und äußert: „Wenn alles gutgeht, werden sie und ich über diesen Berg herrschen . . . und wir werden uns keine Sklaven halten!"[275]

Nicht jeder Comic paßt in den von Baumgärtner gesteckten Rahmen. Der Verbrecher wird nicht in jedem Fall als Schlitzäugiger dargestellt, ja die neueren Comics zeigen viel differenziertere „Widersacher". Neuerdings wird nicht unbedingt die Gestalt des Verbrechers bekämpft, sondern der oder die Helden haben gegen Probleme wie Drogenmißbrauch zu kämpfen, so z.B. Batman[276]. Das Erscheinungsbild der Comics ist heute so bunt, daß eine verallgemeinernde Diffamierung nicht gerecht ist. Kein Film-, Theater- oder Literaturkritiker würde von einigen schlechten Beispielen ausgehen und daraufhin für die Gesamtheit ein Negativurteil fällen. Einwände gegen die Comics sind berechtigt, aber sie sollten sachlich und differenziert sein.
Baumgärtner behauptet in dem Abschnitt über die „Widersacher": „Die

Welt der Comics ist eine Welt ohne Pädagogik". Eine solche Feststellung mit solcher Absolutheit zu treffen scheint mir eines Wissenschaftlers unwürdig. Es ist wohl ein leichtes, die erzieherische Bedeutung von einigen Comics nachzuweisen. Schon 1942 stellte der amerikanische Pädagoge Dr. Robert Thorndike von der Columbia University fest, daß Comics erheblich zur Verbesserung der Lesefähigkeit von Schülern beitragen können. „Der Lehrer und der Bibliothekar sollten sich den positiven Beitrag des Materials als eine außerschulische Ergänzung zur Leseerfahrung des Kindes bewußt sein"[277].

Die Vielschichtigkeit der Comics wird ebenfalls deutlich, wenn man sie auf die Gesellschaftsdarstellung hin untersucht. Eine einheitliche Darstellung wird man nicht finden, sondern es ist erforderlich, verschiedene Darstellungsformen aufzuzählen. Einiges läßt sich jedoch allgemein sagen. Fast alle Comics bejahen die bestehende Staatsform[278], wenn auch einige dieser lange kritisch gegenüberstanden. Da die Comics von der Mehrheit der Bevölkerung gelesen werden sind revolutionäre Elemente selten, wenn es dafür auch in letzter Zeit Beispiele gibt.

Die Helden der Comics verteidigen auf sehr unterschiedliche Weise die westliche Demokratie. Helden wie Dick Tracy oder Johnny Hazard kämpfen nicht nur gegen Verbrecher der Unterwelt, sondern setzen sich auch gegen den Kommunismus ein[279]. Sie scheinen sich nicht auf die veränderte Weltsituation einstellen zu können oder zu wollen. Oft werden die Comics nur als reaktionäre ja faschistische Machwerke gesehen. Wohl gibt es solche Comics, aber sie sind eben nicht die Mehrzahl. Nicht jeder Comic ist reaktionär, wenn auch die Zahl der sozialkritischen noch begrenzt ist. Es scheint mir, nebenbei bemerkt, etwas übertrieben, jeden Comic auf die Aussage über die Gesellschaft hin analysieren zu wollen. Es gibt auch sozialistische Comics, aber die Qualität ist bisher schlecht gewesen, wenn man von der schwedischen Serie „Felix" absieht[280]. Nun sind während der letzten Jahre immer mehr Comics mit sozialkritischem Inhalt aufgetaucht, auch Comics, die bis dahin nicht durch soziales Engagement auffielen. In diesem Zusammenhang erinnere ich daran, daß schon die ersten Comics Übelstände anprangerten, eine Tatsache die allzugern übersehen wird. Es ist fast überflüssig zu erwähnen, daß Serien wie „Peanuts", „Li'l Abner" und „Pogo" schon in den Anfangsjahren kritisch waren. Am erstaunlichsten ist die Entwicklung der Superhelden. Früher beschränkten sie ihre ganze Tätigkeit darauf, immer neue Abenteuer zu bestehen. Ein Superheld, der keine Abenteuer besteht, ist natür-

lich kein Superheld, aber die Abenteuer bestehen jetzt darin, Probleme mit sozialem Bezug zu lösen[281]. Das ganze Spektrum der Comics spannt sich von der äußersten Rechten bis zur mittleren Linken. Nimmt man die Underground-Comics hinzu, findet man auch sehr linksorientierte Comics, wobei hinzugefügt werden sollte, daß die Underground-Comics nicht unbedingt, wie man annehmen könnte, im Untergrund erscheinen. So können einige von ihnen auch in deutschen Buchhandlungen gekauft werden[282]. Eine ausführliche Gesellschaftsanalyse der Comics ist hier nicht möglich, da sie ohne weiteres eine Arbeit für sich sein könnte. Andere Aspekte sind schon in anderen Zusammenhängen erörtert oder gestreift worden.
Am Ende der soziologischen Analyse sollen noch folgende drei Probleme aufgegriffen werden:

a) *Am Beispiel des Donald Duck soll der Vorwurf untersucht werden, ob die Comics den Kapitalismus verherrlichen.*
b) *Weiter sollen das Verhältnis zwischen Mann und Frau in den Comics und das Verhältnis der Comics zur Sexualität betrachtet werden.*
c) *Endlich soll die Zusammensetzung der Personen in den Comics nach Rassenmerkmalen gesehen werden.*

Zu a): Jede Woche erscheint im Ehapa-Verlag in einer Auflage von ca. 450000 Exemplaren die Walt Disney-Zeitschrift „Micky Maus". Besonders die Ente Donald Duck erfreut sich großer Beliebtheit. Um die Familie der Ducks hat es Auseinandersetzungen gegeben, die sie teils als Lakaien des Kapitalismus teils als Sprachrohr der „neuen Linken" auslegen[283]. Stein des Anstoßes ist hauptsächlich die Figur des unermeßlich reichen und unwahrscheinlich geizigen Duck-Onkels Dagobert. Nach der Ansicht des Schweden Göran Ribe ist Onkel Dagobert anfänglich als Satire gedacht, nicht so sehr gegen den Kapitalismus, sondern gegen das Bürgertum, das sich auf jede nur erdenkliche Weise bemüht, dem Herrscher über unermeßliche Reichtümer zu gefallen[284]. Ribe meint jedoch, daß die Satire mit der Zeit aus dem Comic verschwunden ist, somit ist Onkel Dagobert „ein Repräsentant des segenbringenden Kapitalismus"[285]. Onkel Dagobert scheut kein Mittel, um seinen Reichtum zu vergrößern. Im satirischen Buch des Grobian Gans werden einige Beispiele dafür aufgezählt[286]. Ist nun die Panzerknacker AG als revolutionäre Einheit gegen den Kapitalismus zu verstehen? Fest steht, daß sie keine Gelegenheit ausläßt, den Onkel Dagobert auszurauben, meist allerdings ohne Erfolg. Da sie, wie Grobian Gans überzeugend nachweist, nur an dem eigenen kleinlichen Erfolg interessiert ist[287], sind ihre Behauptungen sich „in den Besitz der Produktionsmittel" zu setzen, nichts als leere Phrasen[288]. Geradezu albern sind Äußerungen auf der Rechten (Bayernkurier), daß die Figuren der Donald-Duck-Familie „das Soziologen-Chinesisch der neuen Linken" gebrauchen[289], oder auf der Linken, daß die Panzerknacker die einzigen sind, „die mit der Enteignung der Ausbeuter Ernst machen ... Sie sind erklärte Jünger Maos"[290]. Onkel Dagobert dürfte allen so unsympathisch und die Panzerknacker AG so unfähig sein, daß sie kaum irgendwo Anhänger finden werden. Nun sind die Comics an sich ein kapitalistisches Phänomen, da sie mit Gewinn verkauft werden sollten. Sie spiegeln ja auch die gegenwärtige Gesellschaft wider und sind deswegen kapitalistisch. Aber sie sind nicht mehr und nicht weniger kapitalistisch ausgerichtet als andere Medien der Gegenwart.

Zu b: Bis zur Gegenwart war die Rolle der Frau in den Comics ziemlich eingeengt. Frauen gab es schon in den ersten Comics, aber sie durften entweder nur Mutter oder böse Ehefrau sein. In den Witz-Comics wurde die Frau fast immer viel größer gezeichnet als ihr Gegenpart. Auch in den meisten Abenteuer-Comics wurde den Frauen nur eine Nebenrolle zugedacht. Heute noch wartet Dale Arden auf ihren Raumhelden Flash Gordon, Diana Palmer auf das Phantom und die Prinzessin Narda auf den Zauberer Mandra. Selten durften die Frauen mehr tun, als sich von den Helden retten lassen. Comics, wo Frauen eine Hauptrolle spielen durften, waren außergewöhnlich. Nur die Frau des Prinzen Eisenherz konnte sich hin und wieder auszeichnen. Mit der zunehmenden Emanzipation der Frau änderte sich auch das Verhalten der Frauen in den Comics. Schon 1952 mußte, wie erwähnt, Li'l Abner seine Dauergeliebte Daisy Mae heiraten, die Leser hatten Al Capp dazu gezwungen[291]. Von einer Emanzipation der Frau in den Comics zu sprechen wäre übertrieben, aber sie hat angefangen. Ursache dieser Befreiung ist der Strom an hauptsächlich aus Frankreich kommenden Heldinnen wie Barbarella, Jodelle und Pravda[292].

Diese Wandlung der Frauen kann z.B. daran erkannt werden, daß National Periodical Publications die bis dahin jungenhaft wirkende Wonder Woman zu einer attraktiven Frau umgestaltet[293], daß der gleiche Verlag die neurotische Heldin Rose einführte[294], oder daß die Marvel Comics für die Zukunft Comic-Heldinnen von Frauen gezeichnet ankündigen[295].

Daß der Weg der Frauen zur Emanzipation noch sehr weit ist, sieht man, wenn die Sexualität in den Comics etwas näher betrachtet wird. Schon in den dreißiger Jahren erschienen in Amerika die sogenannten „eight-papers“, die bekannte Comic-Helden in pornographischer Darstellung zeigten[296]. Diese aus acht Bildern bestehenden Comics wurden unter der Theke verkauft. Natürlich enthielten auch viele Comics, die ganz legal verkauft wurden, Darstellungen, die eine Beziehung zur Sexualität hatten. Während des Krieges wurden einige Schleier abgelegt. Diese Entschleierung wurde zur Wehrertüchtigung der alliierten Soldaten unternommen, die dadurch leichter über die Trennung von der Familie hinweg kommen sollten. Pornographisch sind die Comics der Kriegszeit jedoch nie geworden. Berühmtheit hat eine Badeszene des englischen Comics „Jane“ erlangt[297]. Nach dem Krieg nutzte die Comic-Industrie diese Freiheit aus, und es erschienen eine Reihe Comics, die die weiblichen Formen möglichst unverhüllt zeigten. Dschungel-Heldinnen standen besonders hoch im Kurs, sie dienten nach Fuchs und Reitberger „als leidliche Augenweide für Voyeure“[298]. Während der fünfziger Jahre, als die Comics in den Mittelpunkt der Kritik gerieten, verschwanden diese Erscheinungen wieder. Statt dessen versuchten jetzt einige Zeichner Sexsymbole im Bild zu verstecken[299]. Erst am Beginn der sechziger Jahre begann sich der Schleier zu heben. Barbarella von Jean-Claude Forest machte den Anfang. Sie wird vom Zeichner folgendermaßen charakterisiert: „Barbarella ist keine Nutte. Sie ist eine völlig freie Frau“[300]. Den Höhepunkt der Freizügigkeit erreichen die Underground-Comics. Für alle diese Comics ist gemeinsam, daß sie ausnahmslos von Männern gezeichnet werden. Die Form der Darstellung scheint mir den Bedürfnissen des Mannes angepaßt zu sein. Jedenfalls wird die Frau nur als Sexualwesen verstanden, auch wenn sie scheinbar das Kommando führt. Fast ausnahmslos wird die Frau nackt gezeigt, während die Männer bekleidet sind[301]. Die Frau wird in jedem Fall mit überdimensionalen Geschlechtsmerkmalen dargestellt. Es bleibt nur zu hoffen, daß die Darstellung der Frau und die Darstellung der Sexualität ausgewogener wird, als sie im Augenblick ist, denn beides gehört in die Comics. Das Problem spielt nicht in jedem Comic eine Rolle, ja es taucht nur in den wenigsten Comics auf.

Zu c): Im Jahrbuch der American Peoples Encyclopedia von 1969 schreibt William H. Taft, daß „Peanuts" 1968 Geschichte machte, weil damit zum ersten Male ein integrierter Neger im Comic erscheint[302]. Ob der kleine Negerjunge Franklin nun tatsächlich der erste integrierte Neger ist, darüber würden sich bestimmt viele Comic-Verleger streiten.
Jedenfalls hat sich die Stellung des Negers in den Comics während der letzten Jahre grundlegend gewandelt, aber auch die anderer Minoritäten. Natürlich spielen die Minoritäten im europäischen Comic nicht die Rolle, die sie naturgemäß in den amerikanischen Comics haben. Rassismus ist wohl in den früheren Comics selten, wenn auch von einem indirekten Rassismus gesprochen werden kann. Minderheiten wurden so dargestellt, wie die Mehrheit sie gerne sah. Neger traten als Dienstpersonal oder als Kulisse für Dschungelhelden auf. Gegen Ende der sechziger Jahre trat, wie oben erwähnt, der integrierte Neger auf. Der erste war nach Fuchs und Reitberger jedoch nicht Franklin aus den „Peanuts", sondern Black Panther, der 1966 in den „Fantastischen Vier" von Marvel zu lesen war[303]. Franklin, der nicht so recht in das Schema der „Peanuts" paßt, weil er, wie es „Der Spiegel" ausdrückt, „keine Macke" wie die übrigen hat[304]. Danny Raven, ein schwarzer Reporter, der mit seinem weißen Kollegen spannende Abenteuer besteht[305], Friday Foster, eine schwarze Modefotografin, die ebenfalls mit einem Kollegen allerlei durchmacht[306], Diz, Sybil und Nipper, Negerkinder aus dem Comic „Wee Pals"[307], sind nach 1968 entstanden und gehören alle zu den integrierten Comics. Nicht nur sind Neger häufiger als Hauptpersonen in den Comics zu finden, sie haben auch in Comics, wo sie als Nebenfiguren auftreten, ein ganz anderes der Wirklichkeit näher stehendes Verhalten bekommen. Als Beispiel hierfür mag das Phantom gelten. In der vom Phantom vor 300 Jahren errichteten Dschungel-Polizeitruppe ist der Kommandant, der früher weiß war, durch einen Neger ersetzt worden, und Seite an Seite kämpfen Vertreter aller Rassen für Recht und Ordnung im Dschungel. Neben dem Phantom tritt als demokratische Legitimation der schwarze Präsident Luaga auf[308]. Eine kritischere Darstellung taucht in der mehrmals erwähnten „Green Lantern and Green Arrow" auf. Grüne Laterne wird in den Slums einer Großstadt von einem vom Alter gezeichneten Neger gefragt: „Ich habe eine Menge über Sie gelesen . . . wie Sie für die Leute mit der blauen Haut kämpfen . . . und wie Sie auf einem Planeten Leuten halfen, die hellrote Haut haben . . . und Sie kümmern sich auch um Leute mit lila Haut! Es gibt nur eine Hautfarbe, um die Sie sich nicht ge-

kümmert haben ... Schwarz! Wie kommt das eigentlich?! Können Sie mir darauf antworten, Grüne Laterne?"[309]
Mit gesenktem Haupt muß der Superheld gestehen: „Nein!" Die zwei Superhelden beschäftigen sich im steigenden Maß mit den sozialen Problemen der amerikanischen Gegenwart. Für einen Comic erstaunlich ist die Überlegung von Grüner Pfeil: „Auf den Straßen von *Memphis* starb *ein* guter *schwarzer* Mann ... und in *Los Angeles* fiel ein guter *weißer* Mann ... Etwas ist *falsch! Etwas tötet* uns alle ...! Irgendein heimtückischer moralischer Krebs verfault unsere *Seelen!*"[310]
Die soziologische Analyse der Comics zeigt, daß die Comics nicht einheitlich gesehen werden dürfen. Hier gilt es unvoreingenommen jeden Comic zu untersuchen. Viele Kritiker so auch Baumgärtner schaffen, wenn sie Stereotypen und Klischees angegriffen haben, neue Stereotypen und Klischees[311]. Es ist kurzschlüssig, wenn einige Kritiker von den schlechten Comics ausgehen und daraufhin alle Comics verdammen. Gerade die Comics zeigen, daß sie noch entwicklungsfähig sind. Sie ohne weiteres als Volkskunst zu bezeichnen scheint mir, wenn die kommerzielle Seite mitberücksichtigt wird, als übertrieben. Warum sollten aber nicht unter den Comics Kunstwerke entstehen? Niemand bezweifelt, daß Film und Fernsehen, beides kommerzielle Medien, Kunstwerke hervorgebracht haben.

3.2. Psychologische Aspekte der Comics

Die Zahl der Comics-Leser ist ohne Zweifel während der letzten Jahre gestiegen. Die Zahlen, die in der Literatur zum Thema veröffentlicht wurden, sind so alt, daß sie heute kaum Geltung haben dürften. Tatsache ist, daß die Comic-Produzenten immer mehr Comic-Hefte auf den Markt werfen. In Amerika werden die Comic strips von allen Mitgliedern der Familie gelesen und nicht nur von den Kindern. Die Comic-Hefte werden wohl im größeren Umfang von Kindern gelesen, aber auch hier dürfte der Anteil von erwachsenen Lesern sehr groß sein. Für die Bundesrepublik dürfte ähnliches gelten, wenn auch der Erwachsenenanteil wahrscheinlich nicht ganz so groß ist wie in den USA. Grund hierfür dürfte sein, daß deutsche Comics im größeren Umfang für jugendliche

Leser gemacht sind. Einige Comics sind jedoch ebensosehr auf Erwachsene zugeschnitten. Es gibt sehr viele Vorwürfe gegen die Comics, aber besonders ihre Wirkung auf Kinder und Jugendliche hat zu kontroversen Auseinandersetzungen geführt. Den Höhepunkt erreichte der Streit um die Wirkung der Comics in der ersten Hälfte der fünfziger Jahre. Sowohl in den USA als auch in Deutschland gab es erbitterte Fehden. Der schärfste Angriff überhaupt kam von dem amerikanischen Psychologen Dr. Frederic Wertham. Er beschuldigte Comics, sie würden die Jugendkriminalität fördern, weil sie Gewaltakte zeigten[312]. Eine Mitarbeiterin von ihm, Hilde L. Mosse, schrieb dazu: „Stehlen ist nichts Neues, aber daß Kinder morden, andere mit Zigaretten und Streichhölzern brandmarken, daß sie mit Messern stechen und in organisierter Weise jüngere Kinder mit Waffen bedrohen, um sie dann zu veranlassen, ihnen Geld für ihre Beschützung zu geben, daß Kinder Diebstähle bis ins einzelne raffiniert planen und organisiert ausführen, nicht aus Hunger, sondern aus Abenteuerlust, das ist neu. Woher nehmen diese Jugendlichen ihre Ideen, wieso interessieren sie sich so sehr in ihrer Phantasie, ihren Spielen, ihren ernstgemeinten Handlungen für Verbrechen? Als Ergebnis eingehender Untersuchungen, die wir seit Jahren ausführen, fanden wir, daß Kinder weitgehend, wenn auch in unterschiedlicher Tiefe, von den Bilderheften beeinflußt werden, deren Inhalte fast ausschließlich Verbrechen zeigen“[313]. Mit diesen Äußerungen leisteten Wertham und Mosse einen weltweiten Angriff gegen die Comics ein, der dann auch auf Deutschland übergriff. Die Folge war, wie mehrmals erwähnt, eine Flut von Schriften, die sich nicht gerade durch Sachlichkeit auszeichneten. So schrieb u. a. Dr. Georg Schückler: „Alle Comics, ob sie so oder anders aufgemacht sind, sind abzulehnen!“[314] Diese Auseinandersetzung führte dazu, viele Comic-Hefte zu indizieren. Bemühungen, die Comics gänzlich zu verbieten, scheiterten an verfassungsrechtlichen Bedenken[315].

Natürlich provozierten diese Angriffe Gegenangriffe. Ich habe schon die Reaktion der beiden Amerikaner Dick Lupoff und Don Thompson geschildert. Sehr beeindruckend ist in diesem Zusammenhang eine Stellungnahme der National Cartoonists Society, die um diese Zeit von den Comic-Zeichnern Walt Kelly, Milton Caniff und Joe Musial geleitet wurde[316]. Sie warnen eindringend vor Zensur.

Während in Amerika keine Comics verboten wurden, indizierte die Bundesprüfstelle in der Bundesrepublik zahlreiche Comics[317]. Die Kritik hatte auf jeden Fall zur Folge, daß gerade die von Wertham kritisierten

Horror-Comics eingestellt werden mußten, weil sie sich nicht mehr verkaufen ließen. In Deutschland mußten viele Comics, deren Qualität sowieso zweifelhaft war, ihr Erscheinen einstellen.
Um die Comic-Industrie vor dem Untergang zu schützen, schufen die amerikanischen Comic-Produzenten die Comics Magazine Association of America, Inc. Aufgabe dieser Organisation war es, Vorschriften zu schaffen, die die Qualität der Comic-Hefte verbessern sollten. Zu diesem Zweck wurde die Comic Code Authority geschaffen. Comics, die die Bestimmungen der Code Authority beachten, tragen ein Siegel mit der Aufschrift „Approved by the Comics Code Authority" auf der Titelseite. Die Code Authority erlaubt Comic-Heften, die die Moral und den guten Geschmack nicht verletzen, das Siegel zu führen[318]. Vor allem die Darstellungen von Gewalt und Verbrechen ist streng vorgeschrieben, aber der Code enthält auch Vorschriften über den Dialog, über Religion, Kleidung, Ehe und Sex[319]. Am 27. Oktober 1971 wurden dem Code neue Bestimmungen über die Darstellung von Rauschgiftproblemen hinzugefügt[320]. Fuchs und Reitberger sind zwar der Ansicht, daß die Selbstkontrolle zum Mittelmaß führte, fügen jedoch hinzu, daß sowohl der Dialog als such die Darstellung verbessert wurden![321] In Europa existiert eine ähnliche Organisation. So erscheinen Comic-Hefte mit dem Aufdruck „Erscheint unter Kontrolle der Code Moral Europress Junior, Brüssel". Diese Vereinigung schreibt vor, daß die Hefte dieser Verlage ohne „Gewalttätigkeiten, Krieg, Greueltaten und ähnliche Dinge" erscheinen[322].
Marshall McLuhan schreibt von den Kritikern, „die nie bemerkt hatten, daß die gewöhnliche Zeitung so hektisch war wie eine surrealistische Kunstausstellung, konnte man kaum erwarten, daß sie merkten, daß die Comics so exotisch waren wie Illuminationen aus dem achten Jahrhundert. Ohne von der Form etwas bemerkt zu haben, konnten sie so auch nichts über den Inhalt feststellen. Die Selbstverstümmelung und Gewalttätigkeit waren alles, was sie bemerkten. So warteten sie mit naiver literarischer Logik, bis Gewaltakte die Welt überschwemmen sollten. Oder abwechslungsweise schrieben sie vorkommende Verbrechen der Comicslektüre zu. Der blödeste Häftling konnte schon stöhnen: „Diese Comics hab'n mich soweit gebracht"[323]. Die Theorie von dem verbrechensfördernden Einfluß der Comics findet in der modernen Literatur nicht viele Verfechter. Lupoff und Thompson behaupten so in einem Vorwort zu ihrem Buch über Superhelden, daß es ebenso leicht wäre Atomphysiker

zu finden, die als Kinder Comics gelesen haben, als es für Wertham war, comic-lesende Verbrecher zu finden[324].

Niemand denkt daran, Comics für Erwachsene zu verbieten, aber wie ist es mit den Kindern? Hier gehen die Auffassungen weit auseinander. McLuhan hält es für wirklichkeitsfremd, den Kindern das Comic-Lesen zu untersagen. Er schreibt: „Wir geben unserer Jugend einen heißen und heiseren Asphaltdschungel, neben dem sich der tropische natürliche Dschungel so ruhig und zahm ausnimmt wie ein Kaninchenstall. Wir sahen das als normal an. Wir bezahlten Leute dafür, ihn auf Hochtouren zu halten, weil es sich sehr bezahlt machte. Als die Vergnügungsindustrie versuchte, ein durchaus normales Abbild des alltäglichen, hektischen Betriebes der Stadt zu geben, zog man die Augenbrauen hoch“[325].

Fast jedes Kind wird in einem bestimmten Alter von den Comics fasziniert[326]. Benjamin Spock, der bekannte amerikanische Kinderarzt, ist der Ansicht, daß die Kinder im Alter von sechs Jahren zum ersten Male von den Comics fasziniert werden. Er versteht dies als ein Stadium, wo sie sich gegen die Erwachsenen auflehnen, sie träumen ihre eigenen Abenteuer, die durch die Notwendigkeit, daß sie „ihre aggressiven Impulse unterdrücken und beherrschen“ müssen, noch verstärkt werden[327].

Er fährt fort: „In den Augen gebildeter Erwachsener können die Comics roh wirken und jeden literarischen oder ideellen Wert vermissen lassen. Dies zeigt nur, daß die Erwachsenen sich auf einem anderen Entwicklungsstadium befinden als der Zehnjährige, wie es ja auch sein sollte. Das Kind muß zuerst durch eine Periode mit bluttropfenden Abenteuern gehen, wo übermenschliche Macht und Gerechtigkeit immer in der letzten Minute siegen, bevor es zur fortgeschrittenen Literatur weitergehen kann“[328].

Einer der bekanntesten Comic-Zeichner, Jules Feiffer, meint zu der Behauptung, Comics fördern die Kriminalität, daß er durch die Comics seiner Kindheit lernte „Gut von Böse zu unterscheiden, Helden von Verbrechern . . . Wir brauchten sie, um zu beweisen, daß die Erwachsenen nicht alles konnten, nicht alles wußten“[329]. Diese Meinung wird von Dr. Hans Peltz, Facharzt für Kinderpsychiatrie geteilt: „Das psychodramatische Geschehen in diesen Bildergeschichten kann zu einer durchaus begrüßenswerten Gefühlsentladung beim Kind führen“[330].

Dr. Peltz berichtet auch, daß er in der Klinik für seelisch kranke Kinder keinen Fall erlebt hatte, „bei dem die Schwierigkeiten eines Kindes ursächlich auf die Comic-Lektüre zurückzuführen waren“[331].

Gewalttätigkeit ist also nach der Ansicht der modernen Literatur nicht eine Folge von vielem Comic-Lesen, sondern sie entsteht durch den Einfluß der Umgebung des Kindes oder des Jugendlichen. Comics entsprechen dem Bedürfnis der Kinder, eine Traumwelt aufzusuchen, wo sie von der der Erwachsenen frei sind. So vertritt z. B. Dr. Peltz die Meinung, daß nicht das Comic-Lesen an sich gefährlich ist, sondern der übermäßige Comic-Konsum: „Übermäßiger Konsum beweist, daß das Kind sie als Ersatz braucht für mangelnde Liebe, Wärme und Geborgenheit, als Ersatz für das Gespräch mit den Eltern“[332]. Deshalb empfiehlt ein amerikanisches Buch für Eltern, daß sie wissen sollten, welche und in welchem Umfang ihre Kinder Comics lesen. Weiter wird empfohlen, dem Kind auch andere Lesestoffe nahezulegen[333]. Diese Empfehlung gibt auch Professor Dr. Heinz-Rolf Rückert in einem Beitrag einer deutschen Elternzeitschrift[334].

Die Vorwürfe, die besagen, daß Comics verdummen, werden von Dr. Peltz folgendermaßen zurückgewiesen: „Zwischen Intelligenz und Comic-Lesefreudigkeit besteht keinerlei Zusammenhang. Die Intelligenten lesen nicht mehr und nicht weniger Bildhefte als die Unintelligenten. Bei Kindern, die sehr viel Comics lesen, sind weder stärkere, noch geringere aggressive Tendenzen nachzuweisen, als bei jenen, die keine Bilderhefte lesen. Es ist unsinnig anzunehmen, ein Kind würde durch die Bildergeschichte später einmal Verbrecher, Dieb oder Sadist, und es ist sicher ganz eindeutig zu verneinen, daß die Comics die charakterliche Struktur eines Kindes verändern“[335].

4. Didaktische Analyse

4.1. Kinder und Comics

Daß Kinder der bedeutendste, wenn auch nicht der einzige Leserkreis von Comics sind, braucht nicht bewiesen werden. Der Amerikaner Paul Witty zählt Gründe für das Comic-Lesen auf:

„1. Comic-Hefte zeigen eine kurze spannende Serien-Geschichte, die Themen von universeller Ausstrahlung nutzbar macht.
2. Sie befriedigen den Wunsch der Kinder, der Routine und Monotonie des alltäglichen Lebens zu entfliehen.
3. Sie sind leicht zu lesen. Die Bilder tragen die Geschichten und helfen dem Kind, dessen Lesefähigkeit gering ist.
4. Sie zeigen bekannte Charaktere in einer Reihe von verwandten Erlebnissen.
5. Sie verlangen verhältnismäßig kurze Konzentrationszeiträume.
6. Sie sind leicht zugänglich...
7. Sie sind nicht teuer.
8. Sie werden gelesen, weil viele Klassenräume und Elternhäuser unzureichend mit guten Büchern und anderem Lesematerial von Interesse für Kinder ausgestattet sind“[336].

In der dänischen Zeitschrift Samvirke läßt man einen elfjährigen Jungen einige Comic-Serien kritisieren. Dieser Junge meint: „Es muß *etwas* Spannendes darin sein, sonst langweilt man sich zu Tode[337].
Es ist allgemein bekannt, daß Kinder Comics mögen und lesen. Um jedoch den Umfang des Comic-Lesens zu ermitteln, habe ich, bevor ich die anschließende Unterrichtsreihe begann, eine Umfrage an einer Hauptschule in Wuppertal unternommen, deren Ergebnis ich hier in Auszügen zitiere. Von den 359 befragten Schülern gaben 82,4 Prozent an, Comics zu lesen, während 17,6 Prozent keine Comics lesen. Die Auswertung der Frage nach der Anzahl der wöchentlich gelesenen Comics brachte folgendes Ergebnis:

1–2 Hefte	43,9 %
3–5 Hefte	22,6 %
Mehr als 5 Hefte	22,3 %

Allein diese Zahlen zeigen, daß ein Verbot gegen Comics sinnlos wäre. Hier zeigt sich, daß der Lehrer, wenn er die Wirklichkeit der Schüler berücksichtigen will, die Comics nicht umgehen kann. Lehrer setzen sich sehr für die Verbesserung des Kinderbuch-Angebots ein. Neben diesem Engagement scheint es, wenn die Verbreitung der Comics beachtet wird, notwendig, daß sie sich auch mit den Comics mehr befassen.

Die Untersuchung zeigte auch, daß Mädchen weniger Comics lesen als Jungen (77,1 % : 87,8 %). Dies kommt wohl daher, daß die Comics zum allergrößten Teil für Jungen gemacht sind. Es ist wahrscheinlich, daß Mädchen dafür in anderen Bereichen der Trivialliteratur einen Ausgleich suchen, dabei denke ich in erster Linie an Liebesromane, Arztromane, etc. Nach Altersgruppen aufgeschlüsselt zeigt sich, daß die 5. und 6. Klassen die größten Comic-Konsumenten sind. Die Differenz ist jedoch nie größer als 30 %, so lesen auch im 9. Schuljahr noch über 70 % der Schüler und Schülerinnen Comics. Es ist anzunehmen, daß die Tendenz mit dem Älterwerden weniger Comics zu lesen sich nach der Schule fortsetzt. Hier könnten auch Einflüsse der Umwelt eine Rolle spielen, da „Erwachsene“ eben keine Comics lesen. Sie werden jedoch nur von anderer Trivialliteratur ersetzt.

Neben diesen und anderen Fragen wurde auch versucht, den Einfluß der Umwelt auf das Comic-Lesen der Kinder zu erfassen. So zeigte sich, daß die Geschwisterzahl sich auf das Comic-Lesen nicht auswirkt. Die Berufsausbildung der Eltern hatte ebenfalls keine Bedeutung für den Umfang des Comic-Konsums. Kinder von Arbeitern (79,3 %) lasen nicht mehr als Kinder von Akademikern (85,9 %). Die Differenz in den einzelnen Berufsgruppen schwankten von 75,0 Prozent bei landwirtschaftlichen Berufen bis 88,1 Prozent bei Facharbeitern. Nur in den Familien, wo die Mutter allein den Haushalt führte, war die Zahl 93,3 Prozent. Wenn berücksichtigt wird, daß dies keine repräsentative Umfrage war, sondern sie wurde nur an einer Schule, die vor allem von Kindern aus dem Mittelstand besucht wird, veranstaltet, muß man diese Schwankungen durchaus als normal bezeichnen, und sie zeigen, daß das Comic-Lesen in allen Schichten ziemlich gleichmäßig verteilt ist. Es ist sicherlich nicht zufällig, daß Kinder alleinstehender Mütter mehr Comics lesen als Kinder aus intakten Familien. Hier liegt die Vermutung nahe, daß das Fehlen der erforderlichen Liebe durch die Doppelbelastung der Mutter dazu führt, daß die Kinder aus solchen Familien eher ins Traumland der Comics flüchten als andere[338]. In der oben erwähnten Umfrage wurde auch untersucht, welche Comic-Hefte und welche Comic-Figuren am beliebtesten waren. Die unten aufgeführte Liste, die die zehn beliebtesten jeder Kategorie wiedergeben, zeigt, daß die Kinder viel kritischer im Umgang mit Comics sind als allgemein angenommen.

Comic-Hefte:

1.	Asterix	20,5 %
2.	Micky Maus	20,1 %
3.	Fix und Foxi	15,6 %
4.	Die tollsten Geschichten von Donald Duck	7,3 %
5.	Bessy	7,1 %
6.	Zack	6,4 %
7.	Superman und Batman	6,3 %
8.	Felix	5,0 %
9.	Silberpfeil	2,0 %
10.	Buffalo Bill	1,3 %

Comic-Figuren:

1.	Asterix	13,0 %
2.	Obelix	10,6 %
3.	Micky Maus	9,9 %
4.	Donald Duck	8,6 %
5.	Fix	6,1 %
6.	Foxi	6,0 %
7.	Goofy	5,0 %
8.	Idefix	3,6 %
9.	Felix	3,4 %
10.	Bessy	2,5 %

Bei der Untersuchung wurde zuletzt gefragt: „Warum liest du Comics?" Die Antworten fielen, in Stichworten festgehalten, wie die unten stehende Aufstellung zeigt, aus. So lesen die Kinder Comics aus folgenden Gründen:

1.	weil sie lustig sind, Spaß machen, zum Lachen bringen, heiter und witzig sind;	37,4 %
2.	weil sie spannend, abenteuerlich und aufregend sind;	15,4 %
3.	weil sie in der Freizeit zum Zeitvertreib und aus Langeweile gelesen werden;	13,9 %
4.	weil sie gefallen, schön und gut sind und Freude bringen;	11,8 %
5.	weil sie bunte Bilder haben;	4,9 %
6.	weil sie als Ablenkung, Entspannung, Abwechslung, zum Abreagieren und zum Einschlafen helfen;	4,9 %
7.	weil sie unterhaltend sind;	4,7 %
8.	weil sie interessant und lehrreich sind und dabei als Lese- und Rechtschreibübung dienen, außerdem vermitteln sie Geschichtswissen;	3,4 %
9.	weil sie leicht zu lesen sind;	1,9 %
10.	weil sie lustige und schöne Bilder zeigen;	1,7 %

Stellvertretend für die Mehrheit der Antworten sollen einige wenige über die Stellungnahme der Kinder Auskunft geben. Die Rechtschreibübung der Kinder ist grundsätzlich nicht berichtigt worden, so falsch sie auch sein mochte. Ein Mädchen begründet ihre Comic-Lektüre so: „Sie (die Comics) sind spannend und lustig, man hat Freude daran. Ich lese genauso gerne wie die Erwachsenen Bild-Zeitung.“ Als Beispiel für die Kinder, die meinen, Comics seien lehrreich, mögen die nächsten zwei Beispiele gelten. Das erste Beispiel bezieht sich auf den angenommenen positiven Einfluß der Comics auf die Rechtschreibung: „Sie sind sehr lustig, und man lernt Rechtschreiben.“ Ein Mädchen tut über die Bedeutung der Comics für das Lesen folgende Meinung kund: „Comics sind spannend, lustig und helfen zum Weiterbilden im Lesen. (Man liest ja nicht nur poetische Sachen)." Für die Ansicht, daß Comics leicht zu lesen sind, stehen die nächsten Beispiele: „Man braucht nicht ausführlich lesen. Er sagte, er rief, er ging, daß fällt alles weg, weil man es selbst sieht, was die Figuren machen". „Weil sie sehr lustig sind. Es ist besser, wenn die Geschichten mit Bildern sind, als ohne. Man kann sich die Geschichte dann besser vorstellen." Es sind jedoch nicht alle Kinder der Ansicht, so schreibt ein Mädchen: „Ich lese meist nur Asterix, weil man sie genau durchlesen muß, um sie richtig zu verstehen. Man bekommt bei Asterix die Gelegenheit, beim Lesen gleich nachzudenken, wie es gemeint ist..." Andere Kinder wiederum haben andere Gründe für das Lesen von Comics: "Weil sie mir gefallen/ich kann mich dabei entspannen/sie lenken von der Wirklichkeit ab/und Comic-Hefte sind lebhaft geschrieben". Ähnlich äußert sich ein anderer: „Erstens habe ich dabei sehr viel Spaß, zweitens weil ich mich gut hineindenken kann". Ein Junge schreibt: „Weil sie spannend und auch lustig sind. Manchmal wirken sie wie ein Film. Sie bringen Abwechslung".

4.2. Comics in der pädagogischen Literatur

Mitte der fünfziger Jahre setzte, wie mehrmals erwähnt, die Kritik an Comics ein. Diese weltweite Auseinandersetzung wurde von Dr. Frederic Wertham eingeleitet, der anhand von Untersuchungen im Negerslum von New York bedenkliche Auswirkungen der Comics festzustellen meinte[339]. Besonders die Pädagogen glaubten, scharfe Angriffe gegen die Comics richten zu müssen. Der schwedische Pädagoge Lorentz Larson sieht in seinem Buch „Barn och serier" („Kinder und Comics") folgende Gefahren für das Kind:

„1. Die überdimensionierten Abenteuer in den Comics stumpfen den Sinn des Kindes für Wirklichkeit und Proportionen ab und verstärken sein Verlangen nach immer größeren Sensationen, immer wilderen Szenen, unheimlichen Verbrechen.
2. Die Gewaltmentalität in den Comics beeinflußt das Kind. Die Gewalt wird legalisiert und romantisch aufgefaßt von jungen unkriti-

schen Lesern. Der Held ist der, der am härtesten schlägt und am schnellsten schießt.

3. Bilder wirken suggestiger als Texte, und oft werden realistische Schilderungen von Verbrechen gegeben, die das Kind zum Verbrechen verleiten könnten.
4. Viele Kinder, besonders die, die Schwierigkeiten beim Lesen haben, werden verlockt, die leichten Comic-Zeitschriften zu lesen und übergehen Bücher und Bücherei.
5. Das viele Comic-Lesen beeinflußt die formellen Fähigkeiten des Kindes, das Lesen, mündlicher und schriftlicher Ausdruck werden schlechter.
6. Das Vermögen des Kindes zur Konzentration wird geschwächt. In den Comics bekommt es auf passive Weise die größten Sensationen. Das Arbeitsvermögen und das Wissen wird in Mitleidenschaft gezogen.
7. Sogar die Zeichenfertigkeiten des Kindes werden beeinflußt, Zeichnungen der Kinder scheinen oft von den schablonenhaften und stilisierten Zeichnungen gewisser Comics beeinflußt zu sein.
8. Die vulgäre Erotik der Comics kann das Gefühlsleben der Jugend beeinflussen“[340].

Für die Unsachlichkeit der Kritiker mag hier ein Beispiel reichen. Walter Scherf, ein Jugendbuchautor, schrieb über Hergés „Tintin“ („Tim und Struppi“): „Comics hin und Wortblasen her: Hier wird mehr vermittelt als billige Spannung oder leere Situationskomik“[341]. Bezeichnend war die Reaktion des A. Köhlert: „Ich kenne Tintin zwar nicht, urteile zunächst nur nach dem Gelesenen . . .“[342].

Baumgärtner stellt u. a. folgende Tendenzen in der Literatur über Comics fest:

a) Einfluß der Comics auf die Lesefähigkeit der Schüler
b) Bedeutung der Comics für die geistige Abstraktionsfähigkeit der Schüler

4.2.1. Einfluß der Comics auf die Lesefähigkeit der Schüler

Hilde L. Mosse, die mehrmals erwähnte Kinderpsychologin meint, daß zwischen dem Comic-Lesen und der Alexie ein unmittelbarer Zusammenhang besteht[343]. Besonders scharf sind die Vorwürfe des Dr. Georg Schückler, der meint, „daß Comics das ‚Esperanto für Analphabeten' darstellen. Niemand aber wird in unserer Zeit ein Analphabetentum als Vorteil begrüßen wollen. Die Gewöhnung an das ‚Überfliegen' von dargebotenen Texten wird schließlich so mächtig bei Dauer-Lesern sein, daß auch das wirklich Bedeutsame und Wesentliche einfachhin übersehen wird: Es tritt eine allgemeine Verwahrlosung des Lesens ein, die kaum noch aufzuhalten sein wird"[344]. Heiner Schmidt findet: „Beim Schundbuch handelt es sich durchweg wenigstens um einen echten Leseakt, wenn auch um eine primitive Art von Lesen. Die Comics verstopfen aber ihrem Wesen nach den Weg zum Buch, sie entwurzeln das Wort und verwässern mit der lauwarmen Flut ihrer kraftlosen Bilder die geistige Bildkraft unserer Kinder"[345]. Zur Bekämpfung der Comics empfiehlt Heiner Schmidt „die Hebung der Volksgesittung, welche allein die gelockerte Moralauffassung der breiten Volksschichten festigen und wieder eine gesunde öffentliche Meinung in dieser Frage herbeiführen könnte"[346]. Diese und ähnliche Äußerungen dieses Verfassers brauchen keine Kommentierung, sie disqualifizieren sich selbst. In diesem Zusammenhang soll die Reaktion des Dr. Schückler auf den Versuch, die Bibel in Comic-Form darzustellen, erwähnt werden. Er schreibt: „Man kann zweifellos die Bibel durch Comics ‚interessant' machen, aber dies heißt doch, daß wir die Leser für ein paar Augenblicke oder auch Minuten über die Langeweile hinwegzutäuschen versuchen, mit der sie an sich der biblische Bericht angähnt"[347]. Baumgärtner ist der Ansicht, daß es keine Anzeichen für eine Minderung der Lesefähigkeit bei Schülern gibt[348]. In der ausländischen Literatur, die sich mit den Problemen beschäftigt hat, finden sich Pädagogen, die der Ansicht sind, daß Comics sogar fördernd für das Lesen sein können. So meint Ben Cusomano, daß gerade die schlechten Leser von Comics profitieren[349]. Schon 1942 kam der Amerikaner Dr. W. W. Sones von der University of Pittsburgh School of Education zur folgenden Erkenntnis: „Analysen zeigten, daß ein Kind beim Lesen von Comic-Heften genau die gleichen Aktivitäten einübte, die in einer guten Lese-Instruktion gebraucht werden. Es lernt neue Wortsymbole durch Bilder von Dingen oder Handlungen oder durch den epischen Zusammenhang. Das Interesse für die Geschichte erweckt den Bedarf, neue Wörter zu erkennen, um dieser folgen zu können. Es bekommt Übung beim Erkennen von neuen Wörtern durch ihre Erscheinungsform in unterschiedlicher Umgebung"[350]. Während Gustav

Wenz meint, daß die Leseerziehung davon ausgehen muß, „daß die Teile nur im Ganzen existieren, daß also Sätze, Gliedsätze, Satzglieder, Wörter, Silben und Buchstaben für das Erkennen und Verstehen des Sinnes und ebenso beim Vorlesen für das Gestalten des Sinnes nur vom Ganzen her begriffen und gestaltet werden können“[351], glaubt der Schwede Sven Lidman, daß eine Kombination von Bild und Text dem Kind gerechter wird, denn „am Anfang war das Bild“[352].

4.2.2. *Bedeutung der Comics für die geistige Abstraktionsfähigkeit der Schüler*

Daß die Meinungen hier ebenfalls auseinandergehen, ist nicht verwunderlich. Dr. Georg Schückler meint dazu, eine Meinung die nach meiner Ansicht nicht belegt ist, sondern vielmehr bloße Behauptung ist. Er schreibt z.B.: „Das verkürzte, vereinfachte und simplifizierende „Bilderansehen“, wie es von allen Comics heraufgeführt wird, stellt eine geistige Verarmung dar und führt heute oder morgen zu einem Abfall in eine sittliche und seelische Primitivität“[353]. Einige Zeilen weiter: „Die Comics unterstützen und verschärfen die auf Kurzschlüsse und Rezeptlösungen eingestellten Verhaltensweisen um ein weiteres. Die Fähigkeit, tiefer zu sehen, geht immer mehr verloren. Es gibt nichts Bedeutsames mehr, kein Geheimnis und keine Ehrfurcht vor dem Geheimnis. Alles ist öffentlich geworden und bekannt. Das erwachende Denkvermögen wird schließlich kurzatmig und vermag endlich nicht mehr in Geduld zu wachsen im und zum Unsichtbaren“[354]. Der Schriftsteller Stefan Andres zeichnet ein düsteres Bild der Zukunft, wenn dem Einfluß der Comics nicht Einhalt geboten wird. Es sieht in den Comics eine Gefahr „für die Kontinuität des Geistes“[355], und denkt mit Grauen an eine Zukunft, wo Lehrbücher in Comic-Form gedruckt werden[356]. Kaum verwunderlich, daß Freunde des Comics solche Meinungen verstehen als „die Angst der Pädagogen, es könnte durch die Comic-Strips an den Versteinerungen des humanistisch-deutschen Bildungsguts gekratzt werden . . .“[357]. Die These, daß die Comics zur inneren Verarmung führen, läßt sich schwer belegen. Marietheres Doetsch schreibt in ihrer berühmten Untersuchung, daß die Comics ein falsches Bild der Welt zeigen[358]. Frau Doetsch geht vorurteilsfreier an die Materie als viele andere und beseitigt im Grunde ihren eigenen Vorwurf gegen die Verarmung der

Kinder durch Comic-Lesen, wenn sie als Ergebnis einer Untersuchung folgende Konklusion trifft: „Auch zwischen Intelligenz und Comic-Lesefreudigkeit besteht keinerlei Zusammenhang. Die Intelligenten lesen also nicht mehr und nicht weniger Bilderhefte als die Unintelligenten“[359]. Sven Lidman meint, daß unsere Bildung sich nach den „Abstraktbegabten“ richtet und den „Konkretbegabten“ in Stich läßt[360]. Die Erneuerung des Unterrichts im Bereich der Visualisierung findet nach Ansicht Lidmans statt, weil die Comics „*alle* Kinder erobert haben, während wenige illustrierte, textgefüllte Bücher oder Zeitschriften für die Leseköpfe reserviert gewesen waren“[361].
Mit Recht wurde den Pädagogen, die sich zur Thematik geäußert haben, der Vorwurf gemacht, daß sie davon ausgehen, daß es eine „Hochkultur“ und eine „Subkultur“ gebe, die es nicht verdiene, unterrichtlich erörtert zu werden. Die ganze Auseinandersetzung um die Comics hat dazu geführt, daß viele Comic-Leser von schlechtem Gewissen geplagt werden. In seinem Buch „Kulturauffassung der Demokratie“ schreibt der Schwede Bengt Nerman: „Viele begehen Kulturhandlungen aus konventionellen Gründen und schließen sich von weiten Bereichen des menschlichen Lebens aus“[362].

4.3. Möglichkeiten, Comics in den Unterricht einzubeziehen

Am Anfang der Überlegungen über die unterrichtliche Behandlung von Comics müssen einige prinzipielle Fragen erörtert werden. Da Comics im Alltagsleben der Kinder eine immer wachsende Rolle spielen, können sie nicht aus dem Leben der Kinder entfernt werden. Daß die Comics eventuell den Kindern helfen, habe ich schon erwähnt. Die Frage des Erziehers muß also nicht lauten, ob Comics verboten werden sollen, sondern ob er sie in seinen Unterricht einbeziehen sollte. Mir scheinen die Bestrebungen, Comics zu verdrängen oder der Versuch, sie nicht zu beachten, nicht nur unmöglich, sondern geradezu heuchlerisch und illusionär zu sein. Der Pädagoge kann und sollte auch nicht den Versuch machen, Comics zu verbieten. Seine Aufgabe muß es sein, den guten Comic zu fördern, den er logischerweise auch geben muß. Es ist verlogen, die Bildergeschichten von Wilhelm Busch und e. o. plauen für gut zu heißen, aber alle Comics, die doch eine nahe Verwandtschaft zu diesen aufweisen, zu verdammen, wie es in der pädagogischen Literatur geschehen ist. So hat der Soziologe Otto Hesse-Quack nicht unrecht, wenn er behauptet, daß die Kritiker auf der einen Seite positive Ergebnisse amerikanischer Untersuchungen über Comics nicht zur Kenntnis nehmen, während sie auf der anderen Seite negative Untersuchungen ohne Prüfung heranziehen, allen voran die Veröffentlichungen des Frederic Wertham, die Hesse-Quack als „unwissenschaftlich, widersprüchlich und irreführend“ bezeichnet[363]. Ob nun Comics in den Unterricht Eingang finden sollen, ist aber eine andere Frage. Wenn der Erzieher davon ausgeht, daß er den Kindern „Hochkultur“ nahebringen muß, stellt sich die Frage nach der Einbeziehung der Massenkultur in den schulischen Alltag nicht. Die Diskussion, ob die herkömmliche Kulturvermittlung noch relevant ist, wird so schnell nicht nachlassen. Mit welcher Berechtigung soll also die Massenkultur zum Unterrichtsstoff werden? Untersuchungen zeigten, daß die Kinder ihre Comics zum Bestandteil ihrer Wirklichkeit erklärt haben. Da die Unterhaltung überhaupt eine eminente Bedeutung im Leben der Gegenwart erlangt hat, kann es nur richtig sein, diese Unterhaltung fruchtbar zu nutzen. Der schon mehrmals erwähnte Sven Lidman wirft der Schule vor, daß sie sich nur an eine „Kulturelite“ gewandt habe. Er meint, daß es notwendig sei, die Erkenntnisse der Unterhaltung in der Schule auszunutzen. „Von der Pop-Kultur kann der Schulmann Unterhaltung und Darbietung lernen, lernen, daß jeder Unterricht attraktiv und lockend sein muß“[364].

Malte Dahrendorf stellt folgende Frage: „Mag sein, daß Comics überwiegend nicht Realität abbilden, im Sinne von Thematisierung und Durchschaubarmachen gesellschaftlicher Widersprüche – aber kann das ein generelles Postulat für alle Lektüre sein?“[365] Wenn es Aufgabe des Literaturunterrichts sein soll, „die gesamte Breite der literarischen Wirklichkeit als Spiegel des gesellschaftlichen Lebens menschlicher Möglichkeiten“ einzubeziehen[366], müssen die Comics neben anderen Bereichen der Trivialliteratur Eingang in den Literaturunterricht finden. Der bisherige Literaturunterricht war nach den Normen für Literatur des gehobenen Mittelstandes ausgerichtet. Ein solcher Literaturunterricht verletzt laut Dahrendorf „das Prinzip der Chancengleichheit und . . . das Prinzip, für tatsächliche Situationen zu qualifizieren“[367]. Einbeziehung der Trivialliteratur wird z. B. von Lidman und Dahrendorf als eine Demokratisierung des Literaturunterrichts gesehen, weil die schichtenspezifischen Literaturnormen verlassen werden. Der Amerikaner Ben Cusomano findet es „wünschenswert, sich die Motivation des umgebungsbedingten Interesses des Kindes nutzbar zu machen“[368]. Für den Literaturunterricht mit Comics lassen sich laut Malte Dahrendorf folgende Lernziele feststellen:

„1. Die Verfahrensweise der Comics, ihre formalen und inhaltlichen Schemata sind bewußt zu machen . . .“
„2. . . . die Faszination, die von den Comics ausgeht, und damit die Motivationen, die sie ansprechen, sind zu klären und rational zu betrachten . . .“
„3. . . . die stabilisierenden, u. U. den Interessen der Rezipienten widersprechenden Effekte der Comics sind zu verdeutlichen . . .“
„4. . . . das alles soll uns nicht hindern, die Kunst der Comics genießen zu lernen, sie bieten durch ihren Formenreichtum genügend Gelegenheit dazu“[369].

Diese Lernziele sind rein literarisch. Es ließe sich natürlich eine Reihe sekundärer Ziele formulieren, die beim jeweiligen Versuch im nächsten Kapitel erwähnt werden. Je nach Standort lassen sich die Lernziele auch anders formulieren, dabei scheinen mir jedoch die von Dahrendorf formulierten am umfassendsten und zugleich am einfachsten.
Ben Cusomano, den ich mehrfach erwähnt habe, sieht folgende konkrete Möglichkeiten der Nutzung der Comics:

„1. Mündliche Wiedergabe der Geschichte an die Klasse oder den Lehrer.
2. Nacherzählung der Geschichte in Prosa.
3. Neuformulierung der Sprechblasen, um eine unterschiedliche Entwicklung der Geschichte auszudrücken.
4. Schreiben eines Dialogs für Pantomimen-Comics.
5. Neuformulierung der Sprechblasen, die sich einer ungrammatikalischen Sprache oder eines Dialekts bedienen.
6. Verfassen eines Original-Drehbuches für Lieblings-Comics.
7. Dramatisierung von ausgewählten Comics, indem man den Dialog, wie er in der Geschichte vorkommt, benutzt“[370].

Bei allem Positiven der Comics darf nicht vergessen werden, daß ein Ziel des Literaturunterrichts ist, auch wenn er sich mit Comics beschäf-

tigt, „Kritikfähigkeit und -bereitschaft und das Vergnügen korrelativ zu fördern. Grundsätzlich sollten verschiedene Stufen und Formen des Lesens nebeneinander als berechtigt anerkannt werden“[371].
Es befinden sich nur wenige methodische Hinweise in der mir bekannten Literatur. Einige habe ich schon oben im anderen Zusammenhang erwähnt. Malte Dahrendorf schlägt folgendes vor:

„1. Vergleiche der Comic-Verfahrensweisen (Bildaufteilung und -gestaltung, Verhältnis von Bild und Text, die Form im Verhältnis aus transportiertem Inhalt usw.) innerhalb derselben Serie und verschiedener Serien und von Serien mit nicht-seriellen Comic-Strips.
2. Anregung zu eigenen Gestaltungsversuchen im Rahmen der bekannten und vorgegebenen Schemata und in bewußter und absichtlicher Veränderung der Schemata, d.h. kreative Veränderung des Vorgegebenen zum Zwecke der Durchkreuzung der Absichten der Produzenten und der Formulierung eigener Bedürfnisse“[372].

Da die Comics außerdem für das Lernen viele Ansatzpunkte bieten, sollten sie neben anderen Medien im Unterricht eingesetzt werden. Die Motivation der Kinder ist natürlich sehr viel leichter, wenn sie sich mit Bekanntem beschäftigen. Dabei muß der Lehrer aufpassen, den Kindern nichts aufzwingen zu wollen, denn dann erreicht er nur, daß die Kinder sich hintergangen fühlen. Der Lehrer sollte den Schüler zu eigenen Schlüssen kommen lassen, oder wie Malte Dahrendorf es ausdrückt: „Die Schüler sollten ermutigt werden, einen eigenen Zugang zum Text zu suchen, auch auf die Gefahr hin, daß sie ihm im streng literaturwissenschaftlichen Sinne nicht gerecht werden. Der Lehrer beschränke sich auf eine taktvolle Ergänzung kindlicher Auffassung durch Mitteilung seiner eigenen. Der Lehrer stelle Texte bereit, rege an zu Fragen. Das Erfragen von Bedeutungen und formalen Kriterien ist künstlich und lähmt die Motivation. Er dränge nicht auf Wertungen im Sinne der literarisch Gebildeten, sondern auf genaue Beobachtung und Beschreibung der Phänomene“[373].

5. Versuche, Comics unterrichtlich auszuwerten

5.1. Die Unterrichtsversuche

Die Anzahl der mir bekannten Veröffentlichungen, die sich mit der unterrichtlichen Behandlung von Comics befassen, ist sehr gering. Daher sind die durchgeführten Versuche bis auf wenige Anregungen, die jeweils genannt werden, ohne Vorbilder gestaltet worden. Die Versuche wurden ohne Ausnahme in einer 6. Klasse einer Hauptschule in Wuppertal unternommen, aber ich halte einen ähnlichen Unterrichtsversuch in anderen Klassen- oder Altersstufen ohne weiteres für möglich.

5.1.1. Die Kinder beschreiben eine beliebte Comic-Figur im Aufsatz

Ein Aufsatz mit dem Thema „Meine liebste Comic-Figur“ wurde als erster Teil der Unterrichtsversuche geschrieben. Ziel eines solchen Aufsatzes war es, neben den üblichen sprachlichen Zielen, etwas ausführlicher Auskunft über die Motive der Kinder für das Comic-Lesen zu erhalten und zu erfahren, welche Comics und warum sie gelesen werden?! Das Thema wurde wie oben erwähnt formuliert, weil ich hoffte, die Problematik des Helden näher beleuchten zu können. Ob und wie die Comic-Figuren die Kinder beeinflussen, sollte anhand der Äußerungen der Schüler untersucht werden.
Die Mehrzahl der Figuren, die beschrieben wurden, war aus den Witz-Comics, während nur drei Figuren aus den Abenteuer-Comics gewählt wurden. Nur ein Junge hat einen Superhelden beschrieben. Diese Tatsache zeigt, daß die Kritik an den Comics zum allergrößten Teil veraltet, oder noch schlimmer, unsachlich ist.
Auf dieser Altersstufe wurden die Comics des Walt Disney bevorzugt. Die Kinder zogen diese Figuren vor, weil sie „lustig“ sind, und weil sie „sehr viele Streiche“ ausführen. Besonders das Verhältnis des Donald Duck zu seinen Neffen und zu Onkel Dagobert hat das Interesse der Kinder gefunden. So schreibt Angelika über den Donald: „Er will immer

Recht haben als seine Söhne Tick Trick und Track. Sie behalten jedoch immer Recht"[374]. Der Grund für die Beliebtheit der Neffen ist einleuchtend, denn hier können die Kinder sich mit ihnen identifizieren und können die Unbeholfenheit und die Niederlage der Erwachsenen in der Person des Donald Duck genießen. Es ist vielleicht nicht zufällig, daß die eben zitierte Angelika die Neffen als Söhne auffaßt. Ähnlich äußert sich Ute, wenn sie von einem der Neffen Track, schreibt: „Er spielt seinem Vater immer Streiche". Diese sich andauernd wiederholende Situation mag viele Kinder, die sich durch die Autorität der Eltern eingeengt fühlen, Befriedigung verschaffen und dient womöglich als Ventil für Familienkrisen.
Ein Mädchen (Claudia) jedoch empfindet für den Pechvogel Donald Duck Mitleid. So mag sie nicht, daß immer Onkel Dagobert im Glück ist und meint: „Die Comic-Zeichner könnten es ja auch mal umgekehrt zeichnen, daß Donalds Onkel mal Pech hat und Donald selber Glück". Mir scheint, daß auch in diesem Falle eine Identifikation mit der Figur vollzogen ist. Claudia leidet gemeinsam mit Donald Duck, und auch bei ihr kann die Möglichkeit der Ventilfunktion nicht ausgeschlossen werden.
Während die Kinder, die Walt Disney-Figuren beschrieben haben, augenscheinlich keine Schwierigkeiten hatten, sich mit diesen zu identifizieren, fiel die Identifikation der Kinder mit den Figuren des Asterix-Comics sehr viel schwerer. Eine Ursache hierfür hat Karin gefunden, wenn sie schreibt: „Man muß bei den einzelnen Sätzen überlegen, wo der Witz der Sache ist". Die Abenteuer des Asterix und seines Begleiters Obelix scheinen den Kindern dieser Altersstufe zu schwierig. Bis auf das oben zitierte Mädchen mögen die Kinder die Figuren des französischen Comics, weil sie so stark sind und möglichst viele Römer „verdreschen". Sie gefallen, weil sie lustig sind.
Auch die Kauka-Figuren Fix und Foxi und Lupo ermöglichen den Kindern, sich mit ihnen zu identifizieren. Auf der einen Seite sind die „guten" Fix und Foxi und auf der anderen der Pechvogel Lupo. Vom Aufbau der Geschichten ähneln die Kauka-Comics sehr den Walt Disney-Comics. Der Grund, daß die Disney-Figuren beliebter sind als die Figuren des Kauka-Verlages scheint mir darin zu liegen, daß die ersten phantasievoller und liebenswerter, während die anderen gröber und weniger humorvoll sind. Es ist jedoch müßig, darüber zu diskutieren, welche Comics zu bevorzugen sind, denn solange der Versuch nicht unternom-

men ist, den Kindern bessere Comics zu vermitteln, wird jedes Kind den Comic suchen, der ihn am meisten befriedigt. Mir fiel auf, daß gerade Jungen, die deutlich unter Minderwertigkeitsgefühlen leiden, sich Lupo zur beliebtesten Figur erkoren haben. Sie scheinen also in den Leiden des Pechvogels Befriedigung zu suchen und vielleicht auch zu finden. Das Lesen von Abenteuer-Comics war wie erwähnt sehr begrenzt in diesem Alter. Der Reiz dieser Comics liegt in der Spannung der Geschichte. So schreibt Frank, nachdem er ein Abenteuer des Andy und seiner Hündin Bessy beschrieben hat: „Sie (er meint so) bekam Andy nach der Auslieferung des Verbrechers und seinen Kumpanen eine Belohnung. Sie sind noch durch viele Städte gereist und haben immer neue und spannende Abenteuer bestanden. Diese Abenteuer liebe ich sehr, deshalb schrieb ich über Andy und Bessy". Es ist naheliegend, Schlüsse über die Wünsche des Jungen zu ziehen. Gerade die Abenteuer-Comics scheinen Kindern, die sich aus irgendeinem Grund benachteiligt fühlen, Befriedigung oder jedenfalls Ersatzbefriedigung zu verschaffen. Diese Funktion der Comics, ja der Trivialliteratur überhaupt, darf nicht übersehen werden. Aus diesem Grund könnte sich ein Verbot des Comic-Lesens auf das Kind negativ auswirken. Comics, die den Erwachsenen stupide erscheinen, mögen eine wichtige Rolle im Leben des Jugendlichen spielen. Nicht ohne Grund lassen sich unzählige Comic-Hefte praktisch ohne Werbeaufwand jeden Tag verkaufen. Selbstverständlich läßt sich nicht mit Sicherheit sagen, ob die Comics tatsächlich und in jedem Falle als Aggressionsableitung dienen.

5.1.2. Merkmale der Comics

Ziel dieses Unterrichtsversuchs ist, den Kindern formale und inhaltliche Merkmale der Comics bewußt zu machen. Dabei muß davon ausgegangen werden, daß die Mehrzahl der Kinder mit diesen Merkmalen vertraut ist, nur sind sie nicht bewußt geworden. Sie sollen versuchen, die Comics rational zu betrachten, um formale und inhaltliche Verfahrensweisen zu erkennen. Durch diese Erkenntnis sollen die Kinder ihre Beziehung zu den Comics überdenken und versuchen, Zwecke und Ziele der Comic-Produktion zu erfassen. Sie sollen überlegen, warum sie die Comics mögen, und ob die Erkenntnisse, die sie gewonnen haben, nicht zu einer Änderung ihrer Stellung zu den Comics führen könnten. Gerade bei diesem Unterrichtsversuch darf der Lehrer nicht in den Vordergrund treten, denn die Kinder sollen selbst zu den möglichen Erkenntnissen gelangen, und dabei ist die Meinung des Lehrers unwichtig. Es kann nicht Zweck eines solchen Unterrichts sein, den Kindern Lesegewohnheiten der Erwachsenenwelt zu vermitteln. Der Versuch des Lehrers, seine Ansichten in den Unterricht zu bringen, würde wahrscheinlich den Kindern die von der Sache her kommende Motivierung nehmen. Die Stunde darf nicht so verlaufen, daß sie zu einer Werbestunde für das Buch oder die Bücherei wird. Wolfgang Kempkes behauptet, daß er während zwei Stunden, die er über Comics gehalten hat, nicht eingegriffen hat, ja die Kinder „sollten sich möglichst frei und spontan äußern"[375].

An einer Stelle jedoch hat er sich so geäußert, daß die Kinder nur seine Gedanken aufgreifen konnten, so wurden sie in eine Diskussion über Buch und Comic geleitet. Dabei sucht Wolfgang Kempkes die Vorzüge des geschriebenen Wortes gegenüber der der Zeichnung hervorzuheben. Das Kriterium für die Güte des Buches ist für Kempkes die Phantasiebildung. Zwar werden die Äußerungen durch Schüler gemacht, aber in jedem Falle hat der Lehrer das Stichwort gegeben[376]. Dies ist besonders verwunderlich, da Wolfgang Kempkes als ein Fachmann auf dem Gebiet der Comics gilt. Es ist zu einfach und auch unwahr zu behaupten, daß ein Buch die Phantasie eines Kindes eher anregt als ein Comic-Heft. Es ist ebenfalls nicht richtig, daß Comics dem Kind nur *eine* Möglichkeit der Deutung überlassen. Die Phantasiebildung ist nicht davon abhängig, ob geschrieben oder gezeichnet wird, sondern die Eigenart des einzelnen ist entscheidend. Es gibt Kinder, deren Phantasie eher durch ein Comic-Heft angesprochen wird als durch ein Buch. Gegen den Verlauf der Stunde wäre selbstverständlich nichts einzuwenden, wenn dieser von den Kindern herbeigeführt worden wäre, aber hier setzt der Lehrer den Kindern literarische Wertvorstellungen der Erwachsenen vor, die logischerweise von den Kindern aufgegriffen werden, da sie ähnliches aus dem Elternhaus kennen.

Daß die Kinder für ein solches Thema Interesse zeigen, ist bekannt, nur werden sie das Interesse bald verlieren, wenn sie merken, daß der Lehrer auf dem Umweg über Comics versucht, seine eigene Vorstellung durchzusetzen. Gerade in einem solchen Unterricht ist die Neutralität des Lehrers unabdingbar. Die notwendigen Erkenntnisse müssen von den Kindern gewonnen werden, und werden sie nicht gewonnen, sollte der Lehrer darauf verzichten, diese zu vermitteln, denn er kann nur seine eigenen Wertvorstellungen anbieten, und sie decken sich wahrscheinlich nicht mit denen der Kinder. Es darf nicht so sein, daß die Kinder fühlen, vom Lehrer zu einer bestimmten Stellungnahme gedrängt worden zu sein, denn eine solche führt nicht zur Einsicht in die Problematik und zu ihrem Verständnis.

Das Verhältnis der Kinder zu den Comics ist unkritisch. Es ist Aufgabe des Lehrers, die Kinder mit der Problematik zu konfrontieren. Dies kann auf unterschiedliche Art geschehen, wie aus der Unterrichtsreihe hervorgeht. Durch das Stoffangebot und durch die Stoffauswahl trägt der Lehrer dazu bei, die Kritikfähigkeit der Schüler zu schärfen. Obwohl die Rolle des Lehrers bei der Gewinnung der Erkenntnisse eine passive ist, kann er durch die Gestaltung des Unterrichts, ohne die Kinder in eine Richtung zu drängen, den Kindern helfen, zu der notwendigen Bewußtwerdung zu kommen. Dabei darf nicht übersehen werden, daß letztlich jede Unterrichtsstunde nach den Vorstellungen des Lehrers gestaltet wird, wodurch – trotz aller Bemühungen um Objektivität – ein subjektiver Unterricht die Folge ist. Dies ist schließlich ein Problem jeglicher Erziehung, aber trotz aller Vorbehalte muß dies als etwas Fruchtbares angesehen werden, nur muß sich der Lehrer dieser Aufgabe immer bewußt sein. Daraus entsteht die Verpflichtung, die Individualität des einzelnen Schülers zur Geltung kommen zu lassen, soweit dies in der gegenwärtigen Schulsituation überhaupt möglich ist.

In dieser Stunde sollen einige formale Aspekte der Comics besprochen werden. Hierbei geht es in erster Linie darum, daß die Kinder aufgrund ihrer Erfahrungen einige Kategorien von Comics bewußt unterscheiden. Ebenso werden verschiedene Publikationsformen der Comics erörtert. Es geht also darum, einige Fachausdrücke, die für den weiteren Verlauf des Unterrichts notwendig sind, klären zu lassen. Folgende Stichworte mögen die zu erörternden Begriffe andeuten: Comics, Comic-Strips, Witz-Comics, Abenteuer-Comics, Bilderrahmen und Sprechblase[377]. Vor dem Unterricht habe ich auf der Anstecktafel einige Comic-Strips, Comic-Hefte und Comic-Alben ausgestellt. Dies waren: Comic-Strips: „Alfredo“, „Ferd’nand“, „Die Peanuts“ und „Herr Strip“[378]; Comic-Hefte: „Tarzan“, „Bugs Bunny“, „Superman und Batman“, „primo“ und „Disneyland“[379]; Comic-Alben: „Lucky Luke“, „Umpahpah“, „Asterix“, „Prinz Eisenherz“ und „Tim und Struppi“[380]. Sinn dieser kleinen Ausstellung war es, die Kinder für das Unterrichtsgespräch

zu motivieren. Während des Gespräches zum Thema haben sich manche Kinder umgedreht, um dann mit Beiträgen zu kommen, die deutlich aus der von der Wand kommenden Anregung herrührten.
Am Anfang der Stunde habe ich den Kindern gesagt, ich hätte eine Frage an sie und habe „Comics?“ an die Tafel geschrieben. Durch dieses Anschreiben wurden die Kinder optisch gefragt, und die Reaktion kam dann auch sofort. Zuerst haben sie nur versucht, die gestellte Frage zu beantworten. Dies hatte zur Folge, daß sie nur mit Einzelwörtern oder kleinen Sätzen geantwortet haben. Sehr bald jedoch entwickelte sich ein reger Austausch von Meinungen, die sich immer dicht an der gestellten Frage hielten. Eine heftige Auseinandersetzung entwickelte sich, als ein Mädchen behauptete, daß die Comics voll Übertreibung seien. Die Gegner dieser Äußerung gaben dies bereitwillig zu, aber im Gegensatz zu dem eben erwähnten Mädchen empfanden diese Kinder, daß dies eben das Schöne an den Comics sei, denn dies sei nur ein Zeichen des Phantastischen in den Comics. In diesem Zusammenhang äußerte ein Junge, daß er sie manchmal langweilig finde, weil der „Hauptdarsteller“ immer gewinne. Auch dieser Junge fand Kontrahenten, die ihm vorhielten, daß dies nicht immer stimme, denn sehr häufig könne der Held nur siegen, weil ihm von Freunden geholfen werde. Daraufhin wurde die Meinung vertreten, daß in den Comics auch wahre Geschichten zu lesen seien. Die Mehrzahl der Kinder waren jedoch der Ansicht, daß dies sehr selten sei, und ein Junge meinte sogar, er würde die Comics hauptsächlich lesen, weil die Handlung der Comics so unglaublich sei. Die Kinder hoben wieder hervor, daß das Abenteuerliche an den Comics das Besondere sei. Ein Kind bemerkte, daß die Comics „unwirklich“ seien. Wie sich jedoch herausstellte, empfanden die Kinder dies als Positivum, denn sie wollten spannend unterhalten werden. Danach fiel das Gespräch auf utopische Comics, und Comics, die in der Zukunft spielen. Ein Mädchen fand diese Comics und die Comics überhaupt voll „Gewalttätigkeit“, eine Behauptung, die kaum Verständnis fand, und ein anderes Mädchen meinte, dies sei nicht schlimmer als in den Western-Filmen und den „Krimis“.
Jetzt folgte ein Gespräch, das sich mit dem Film und dem Fernsehen beschäftigte. Hierbei wurde erwähnt, daß Comics auch verfilmt wurden. Als Beispiel wurden die Tarzan-Filme erwähnt. Auf meine Frage, ob die Filme denn tatsächlich nach den Comics gedreht wurden, wußte nur ein Junge nach einer langen Zeit der Überlegung, daß sie nach den Tarzan-

Romanen entstanden. Um nicht vom Thema abzukommen, habe ich auf das hinten ausgestellte „Tarzan“-Heft gezeigt und danach auf das Heft von „Bugs Bunny“ gedeutet. Sehr viele Kinder meldeten sich jetzt zu Wort, um ihre Ansichten zu dieser Comic-Figur, die ihnen vom Fernsehen her bekannt ist, kundzutun. U.a. wurde dabei der Begriff „Zeichentrickfilm“ benutzt. Ein Mädchen meinte dazu, die „Bugs Bunny“-Abenteuer seien gar keine richtigen Filme, sondern nur Comics, die man auf Filme gezeichnet habe. Es wurden jetzt eine Reihe Figuren genannt, die sowohl im Film als auch im Zeichentrickfilm zu sehen sind. An diesen Comics gefiel vor allem, daß sie witzig und lustig sind. Ein Mädchen fand vor allem Gefallen an den lustigen Bildern und den lustigen Ausdrücken.

Etwas überraschend war es, daß die Kinder für das Formale kein Interesse zeigten, sie hielten sich dagegen ausschließlich an den Inhalt der Comics. Dabei hat auch überrascht, daß viele Kinder sich durchaus der Problematik der Comics bewußt waren. Dies scheint ihnen das Vergnügen beim Comic-Lesen nicht genommen zu haben. Um die Publikationsformen nicht ganz zu übergehen, habe ich anhand des ausgestellten Materials dies erläutert.

Die Arbeit an der Aufstellung einer Tabelle, die das Gespräch zusammenfassen sollte, entwickelte sich zu meiner Überraschung auch ziemlich selbständig. Nachdem ich erzählt hatte, daß ich eine solche machen lassen möchte, schlugen einige Schüler vor, wie man dies am besten anfassen könne. Nur bei den Überschriften habe ich hin und wieder bei der Formulierung geholfen[381]. Dies kommt wohl daher, daß sie zuerst die unteren Spalten ausgefüllt haben und sich erst dann der Überschrift zugewandt haben. Nur habe ich sie bremsen müssen, um nicht zuviel in die Tabelle hineinzunehmen, ebenso habe ich vorgeschlagen, in die Tabelle die letzte Reihe „Erscheinungsweise der Comics“ aufzunehmen. Wie aus der Tabelle hervorgeht, haben die Kinder ohne Widerspruch sogar negative Aussagen über die Comics aufgenommen, ohne jedoch das Positive außer acht zu lassen. Die Tabelle unterstreicht nochmal die Kritikfähigkeit der Schüler und zeigt, daß sie eine sehr differenzierte Haltung zu den Comics haben.

Die Stunde zeichnete sich durch eine rege Beteiligung aus, die über dem Normalen lag. Sie ist jedoch, wenn man das Thema betrachtet, durchaus verständlich. Mir fiel außerdem auf, daß sowohl die intelligenten als auch die weniger intelligenten Schüler sich im gleichen Ausmaße beteiligten.

5.1.3. *Der Pantomimen-Comic*

Die Zahl der Pantomimen-Comics ist im Verhältnis zu den übrigen Comics gering. Wie das Wort sagt, benutzen diese Comics keine Sprechblase, ja sie verzichten völlig auf das geschriebene Wort. Die Verwandtschaft zu den Bildergeschichten ist bei den Pantomimen-Comics so nahe, daß es tatsächlich kaum möglich ist, einen eindeutigen Trennungsstrich zwischen ihnen zu ziehen. Die Pantomimen-Comics sind fast alle humorvoll oder eventuell satirisch. Dies schließt selbstverständlich nicht aus, daß sie beides sind. Mir sind keine Abenteuer-Comics bekannt, die sich pantomimisch ausdrücken. Zu den bekanntesten Pantomimen-Comics zählen „Ferd'nand“[382] von dem Dänisch-Amerikaner Mik (H. Dahl Mikkelsen), „Ludwig“[383] von Harry Hanan, „Alfredo“[384] des dänischen Zeichenpaares Jörgen Mogensen und Cosper Cornelius, die unter dem Pseudonym Moco zeichnen, und „Adamson“[385] vom Schweden Oscar Jacobsson.

Ich zog für den Unterricht zwei Episoden des Strips von Mik heran[386]. Davon wird in dieser Stunde jedoch nur einer gezeigt, der andere wird bei der Versprachlichung von Comics zu einem späteren Zeitpunkt benutzt. Henning Dahl Mikkelsen (Mik), der Zeichner von „Ferd'nand“, fing schon 1937 mit dieser Serie an, die wohl die am meisten verbreitete Pantomimen-Serie ist[387]. Es ist viel schwieriger, einen Pantomimen-Strip zu zeichnen, als einen Strip, wo man das geschriebene Wort in irgendeiner Form benutzt. Der Zeichner muß ohne Verwendung von Wörtern dem „Leser“ ermöglichen, die Geschichte zu verstehen.

Ferd'nand, ein freundlicher, liebenswerter Mann im mittleren Alter, der mit Hut und Schnurrbart versehen, in einer mittelständischen Gegend mit seiner Frau und seinem kleinen Sohn lebt, scheint jedem bekannt. Seine Probleme sind die des Alltags, und sie sind wohl jedem „Leser“ in ähnlicher Form geläufig. Das Pech und die Ungeschicklichkeit Ferd'nands soll den „Leser“ zum Schmunzeln bringen, denn der Humor des Mik bringt nicht zum Lachen, dafür ist er zu subtil. Der „Leser“ schmunzelt über die Widrigkeit des Ferd'nand, ohne jedoch zu bemerken, daß er sich in Wirklichkeit über sich selbst amüsiert, denn die Situationen,

die das Amüsement bringen, sind solche seines Alltags. Hier ist kein tieferer Sinn versteckt. Mik geht es nur darum, etwas gute Laune zu verbreiten. Daß dabei auch noch eine milde Parodie auf das mittelständische Leben erfolgt, macht die Geschichten des Mik nur sympathischer. Politische oder gar revolutionäre Aussagen wird man in Ferd'nands Gesellschaft nicht erleben, dafür bekommt man humorvolle Unterhaltung.
Während dieser Stunde setze ich die Geschichte von Ferd'nand und seinem Hund ein[388]. Ferd'nand wird eines Morgens von seinem Hund geweckt, der ein Hundebedürfnis verspürt. Also steht Ferd'nand auf und bringt noch halb im Schlaf den Hund zur Haustür. Um die Wartezeit zu verkürzen, schläft Ferd'nand auf einem Stuhl ein. Unsanft wird er durch das Bellen an der Haustür geweckt. Schlaftrunken läßt er den Hund herein, der jetzt Hunger verspürt. Nachdem der Hund gefüttert worden ist, kann sich Ferd'nand endlich wieder seinem Bett zuwenden, um jedoch erstaunt festzustellen, daß es für ihn Zeit ist aufzustehen. Während Ferd'nand Morgentoilette macht, begibt sich sein Hund zufrieden zum Körbchen. Als Ferd'nand zum Aufbruch bereit ist, schlummert sein Hund seelenruhig in seinem Korb.
Folgende Ziele wurden für den Unterricht aufgestellt:

1. Die Kinder sollen nach dem in der vorigen Stunde erarbeiteten Muster diesen Comic formal einordnen. Diese formale Einordnung bringt die Kinder auf den Weg, Sinn und Inhalt der Comics zu erfassen, aber sie sollen auch die Produktionsverfahren erkennen. Dieser Schritt ist nur einer von vielen, die zu einer kritischeren Auseinandersetzung mit den Comics führen sollen. Wie schon in der didaktischen Analyse erwähnt, sollen die Kinder jedoch nicht um das Vergnügen, Comics zu lesen, gebracht werden.
2. Die Kinder sollen versuchen, diesen Comic mündlich nachzuerzählen. Dieses Verfahren bringt sie dazu, länger über einen Comic nachzudenken, denn normalerweise konsumieren die Kinder die Comics ohne darüber zu reflektieren. Das Verfahren ist dem der Comics entgegengesetzt und bringt das einzelne Kind zur kritischen Auseinandersetzung. Außerdem wird dadurch die Ausdrucksfähigkeit geschult. Hier wird der Phantasie der Kinder durchaus Spielraum eingeräumt.
3. Eine schriftliche Fixierung scheint mir unabdingbar, da die Kinder hierdurch nicht nur ihren mündlichen, sondern auch ihren schriftli-

chen Ausdruck schulen. Diese Fixierung wird in Partnerarbeit unternommen, weil die Reflexion durch das partnerschaftliche Arbeiten gefördert wird. Die Partner müssen sich auf eine schriftliche Wiedergabe des Comics einigen und werden vom Partner gezwungen, sich mit seinen Ansichten auseinanderzusetzen, dies fördert die Kritikfähigkeit dem Comic gegenüber.

Am Anfang der Stunde habe ich den Comic verteilt. Während die Kinder sich darauf konzentrierten, konnte ich beobachten, wie viele Kinder schmunzelten. Danach war eine allgemeine Heiterkeit in der Klasse festzustellen. Einige Kinder jedoch haben, soweit ich beobachten konnte, den Witz der Episode nicht verstanden. Erst beim Gespräch schien ihnen dies zu gelingen. Das folgende Gespräch, das den Kindern zum Verständnis der Geschichte, aber auch zur Auseinandersetzung mit dieser verhelfen sollte, zeichnete sich durch eine außergewöhnlich gute Beteiligung aus, die die ganze Klasse ergriff. Die Schüler wurden durch den Comic, der aus ihrem Erfahrungsbereich stammt, echt zur Teilnahme motiviert. Es war kaum verwunderlich, daß ein Junge zuerst die Geschichte aus seiner Sicht erzählen wollte. Nach kurzer Zeit wurde er jedoch von den anderen Schülern unterbrochen, die andere und genauere Beobachtungen gemacht hatten. Daraufhin entwickelte sich eine lebhafte Diskussion über die Bedeutung des Comics. So wurde von einigen Kindern detailliert beschrieben, was in den einzelnen Bildern zu beobachten sei. Sie wichen jedoch der Erklärung der Ursache für das Benehmen des Hundes aus, und erst eine direkte Frage meinerseits brachte sie dazu, schamhaft zu sagen, daß er „Gassi gehen" müsse. Ein Kind meinte, daß dies in Wirklichkeit so passieren könne. Andere fanden Gefallen an dem Hut des Ferd'nand, den er in allen Situationen trägt. Die Einzelbilder wurden als „lustig" bezeichnet. Ein weiterer Junge war der Meinung, daß der Witz der ganzen Geschichte im letzten Bild liege.
War das Gespräch schon jetzt rege gewesen, so erreichte es für mich etwas überraschend den absoluten Höhepunkt, als ich sie bat, diese Comic-Geschichte mit der von den Kinder erarbeiteten Tabelle zu vergleichen. Schon die erste Antwort stufte diesen Comic als einen Witz-Comic ein. Nach einer zum Teil erregten Diskussion einigte man sich, diesem Comic folgende Prädikate anzuhängen: lustig, witzig, und nur begrenzt phantasievoll. Über den letzten Punkt konnte man sich nur schwer einigen, weil einige behaupteten, diese Geschichte könnte wirklich passiert

sein. Andere jedoch fanden, daß die Art der Zeichnung wie z.B. die große Nase als auch der Hut des Ferd'nand als phantasievoll bezeichnet werden müßten. In diesem Zusammenhang meinten wiederum andere, daß die Geschichte eben wegen dieser Nase und diesem Hut leicht übertrieben sei. Darauf antwortete ein Junge, diese seien doch notwendig als Erkennungszeichen und als zusätzlichen Witz. Außerdem wurde die Episode als „nicht unwirklich" bezeichnet. Während die Kinder in der vorigen Stunde über Comics im allgemeinen kein besonderes Interesse für formale Kriterien der Comics zeigten, gingen sie in dieser mit Freude auf die Suche nach solchen. Es wurde folgendes festgestellt:

1. das Wedeln des Hundeschwanzes wird so dargestellt, daß der Betrachter den Eindruck der Bewegung bekommt. Die Kinder stellten weiter fest, daß der Zeichner zur Unterstreichung der Bewegungen der Figuren dafür Zeichen erfunden hatte. So wurden das Laufen des Hundes, die Bewegung der Köpfe und das Binden einer Krawatte durch solche verdeutlicht;
2. Da der Zeichner keine Schrift benutzt, hat er auch für Töne Zeichen erdacht. So wird das Bellen des Hundes durch Striche und der Ton des Schlafens durch ein „Z" dargestellt.

Die anschließende mündliche Versprachlichung gestaltete sich verhältnismäßig schwierig. Dabei mangelte es nicht an Bereitschaft, die Geschichte nachzuerzählen, aber die Kinder stellten fest, daß sich der Witz des Comics in der mündlichen Nacherzählung nicht festhalten lasse. Diese Erkenntnis ist nicht unwichtig, weil sie hier sehen, daß nicht alle Elemente der Zeichnung und des Bildes zu versprachlichen sind. Die schriftliche Versprachlichung wurde – wie erwähnt – in Partnerarbeit unternommen. Selbstverständlich fällt die schriftliche Fixierung des Comic-Streifens leichter als die mündliche Versprachlichung, weil sie in Partnerarbeit erfolgt und weil das schriftliche Festhalten überhaupt einfacher ist, da es den Kindern mehr Möglichkeiten zu Überlegungen und zu Korrekturen läßt. Das Ergebnis ist, wenn die Partnerschaft durch Sympathiebindung entstanden ist, natürlich sehr unterschiedlich, da diese Art der Partnerschaft keine Rücksicht auf Leistungsausgleich unter den Partnern nimmt. Trotz dieser Zusammensetzung gelingt es erwartungsgemäß niemandem, den Witz oder die Laune dieser Episode wiederzugeben. Hauptziel sowohl der mündlichen als auch der schriftlichen Versprachlichung war es, die Form des Comics durch eine andere zu ersetzen, damit die Kinder hierdurch ohne irgendwelche Zwänge sich Sinn und Inhalt bewußt würden. Manche Partnerarbeit leidet dadurch, daß die Partner sich nicht in genügendem Maß von den Einzelbildern haben befreien können. Dadurch entstehen Erzählungen, die durch Wiederholungen zerstückelt werden. Ebenfalls haben sich einige nicht von der mündlichen Fassung lösen können und somit die Erfordernisse einer schriftlichen Wiedergabe nicht erfüllt; dafür mag das folgende Beispiel stehen: „Ferd'nand schlummert in seinem weichen Bett. Sein kleiner Hund weckt ihn plötzlich. Ferd'nand schaut schläfrig seinen Hund an, zieht seine Hausschuhe an und steht auf. Der Hund läuft voran, und Ferd'nand schleift sich mühsam hinterher. Ferd'nand macht seinem Hund die Türe auf, Ferd'nand ist noch müde . . ." Als Gesamtheit betrachtet, müssen die Arbeiten positiv bewertet werden, wenn man davon absieht, daß die Wiedergabe des Witzes der Geschichte schwerfällt. Einige haben versucht, eigene Phantasie in die Erzählung einzubringen, so z.B. wenn zwei Mädchen schreiben: „. . . Da springt sein kleiner jedoch pfiffiger Hund auf sein Bett und reißt ihn aus dem Schlaf . . ." Oder wenn zwei andere Mädchen am Schluß der Erzählung sich so ausdrücken: „. . . Dabei denkt er: „Erst ist er munter und weckt mich, und jetzt ist er selber am Schlafen. Hunde haben es eben besser als Menschen!!" Ähnlich verhält es sich mit dem folgenden Beispiel, von zwei Jungen verfaßt: „. . . Dann watschelt Ferd'nand hinter seinem Hund her und öffnet ihm die Tür, daß er seine Geschäfte erledigen kann. Taumelnd setzt sich Ferd'nand auf einen Stuhl und schlummert ein. Bellend wird Ferd'nand von seinem Hund geweckt, der seine wichtigen Geschäfte glücklich erledigt hat . . ."

5.1.4. Der Witz-Comic mit Sprechblase

Selbstverständlich kann Ferd'nand zu den Witz-Comics gerechnet werden, aber eben ohne Sprechblase. Danach soll ein Witz-Comic mit Sprechblase erörtert werden. Diese sind die von den Kindern am meisten gelesenen Comics. In Kapitel II wird eine Reihe von ihnen beschrieben, so auch der Comic, der in dieser Stunde im Mittelpunkt steht, nämlich die „Peanuts" von Charles M. Schulz[389]. In dieser Episode der „Peanuts" erscheinen nur Linus und Luzie aus der bunten Kinderschar der

Serie. Linus, der Philosoph der Serie, läuft laut schreiend nach seiner Schwester Luzie (Lucy) vom Garten ins Haus. Atemlos berichtet er der Schwester, von einem Stachelschwein, das im Garten ist und ihn anschaue. Im Laufschritt eilt Luzie mit Linus, um das Stachelschwein zu sehen. Sie läßt ihrem Ärger über den kleinen Bruder freien Lauf, als sie feststellt, daß das vermeintliche Stachelschwein nur ein Grasbüschel ist. Linus schaut sich den Grasbüschel an, um dann auszubrechen: „Hör auf, mich anzugucken!“ In erster Linie geht es auch Schulz darum zu amüsieren. Hier ist jedoch viel mehr Platz für die Phantasie als bei Ferd’nand, denn die Reaktion des Linus auf den Grasbüschel ermöglicht vielseitige Deutungen.

Die Vieldeutigkeit dieser Episode soll auch im Unterricht genutzt werden. Neben formalen Kriterien sollen die Kinder versuchen, den Inhalt des Streifens zu deuten. Dabei soll die Phantasie der Kinder freie Entfaltung finden, und ich werde in keiner Weise den Kindern irgendwelche Ratschläge zur Deutung geben. Die Serie ist den Kindern vom Fernsehen bekannt. Dies bedingt neben der Comic-Form an sich, daß die Kinder mit größerem Interesse an den Comic herangehen. Die gegenseitige Beeinflussung der Schüler verhindert jedoch, daß die Phantasie sich ins Uferlose bewegt. Durch den Versuch der Deutung ergibt sich von selbst eine Versprachlichung. Die schriftliche Fixierung erfolgt bei diesem Comic anders als bei Ferd’nand. Die Sprechblasen fordern dazu auf, die Dialogform zu wählen. Aufgabe der Kinder wird es also sein, ein kleines Stück zu schreiben, das durch den Dialog und die Zwischentexte ein kleines Spiel ermöglicht. Diesmal wird die Arbeit in Gruppen bevorzugt, da die schwachen Schüler kaum ein solches Unterfangen allein schaffen würden. In der Klasse werden Gruppen gebildet, jede Gruppe soll das Stück in Dialogform schreiben, sie soll aber auch das Stück der Klasse vorführen. Selbstverständlich brauchen die Kinder, bevor sie an die Arbeit herangehen, eine genaue Vorgangsbeschreibung, denn es ist schließlich das erste Mal, daß sie einen Dialog selbst schreiben.

Wie beim Pantomimen-Comic bringt dieses Verfahren neben der Schulung der Ausdrucksfähigkeit auch eine eingehende Auseinandersetzung mit dem Comic. Durch die Dialogform wird der Comic entfremdet, und diese Entfremdung dient der Bewußtwerdung der Schüler, ohne ihnen die Freude des Comic-Lesens zu nehmen, denn dies kann, wie mehrmals erwähnt, nicht Sinn des Unterrichts sein. Neben diesen Zielen fördert

das Verfahren die sozialen Bindungen in der Klasse. Außerdem wird das freie Sprechen vor der Klasse geübt.
Dieser Versuch wurde während zwei Stunden unternommen. Die Motivation durch den verteilten Comic war wieder sehr auffallend. Wie beim Versuch mit „Ferd'nand“ entstand Heiterkeit in der Klasse. Die erste Bemerkung zum Comic bezog sich auf die Sprechblasen, die hier vorhanden waren, aber beim letzten Versuch gefehlt hatten. Diese Bemerkung konnte jedoch nicht die Mehrheit der Klasse daran hindern, die Geschichte, die hier erzählt wird, zu deuten. Wiederum wurde deutlich erkannt, daß dies ein Witz-Comic sei, der witzig und lustig sei. Ein Mädchen meinte, dieser Comic sei außerdem spannend und begründete dies damit, daß Linus aufgeregt ins Zimmer lief, um seiner Schwester mitzuteilen, daß ihn im Garten ein Stachelschwein angucke. Nach Ansicht des Mädchens werden sowohl der Leser als auch Luzie im unklaren darüber gehalten, was sich nun wirklich im Garten verborgen halte. Darauf meint ein Junge, dies sei doch nicht Spannung, sondern nur witzig, weil man dadurch die „Doofheit“ des Linus feststellen könne. Das eben erwähnte Mädchen war damit keineswegs einverstanden und äußerte, die Spannung sei zwar nicht so wie bei „Bessy“ oder in den „Krimis“, aber diese Geschichte sei trotzdem spannend, und jetzt wurde sie geradezu dialektisch, denn unter „Doofheit“ könne man schließlich verschiedenes verstehen, so die des Linus und die des Betrachters.
Nach dieser Auseinandersetzung versuchte ein Kind zu erklären, warum denn Linus so aufgeregt sei. Er fühle sich nämlich vom Stachelschwein im Garten beobachtet, und Luzie gehe nur mit, um dies zu sehen. Ihr Ärger sei doch verständlich und das Schimpfen mit dem kleinen Bruder auch. Diesen Ärger könne man deutlich am Ausdruck der Augen und am Mund und am Ausbruch „Au Weia!“ erkennen. Dies sei doch gar nicht der Witz der Geschichte, wurde daraufhin von anderen Kindern bemerkt, sondern daß Linus nicht begreife, daß der Grasbüschel kein Stachelschwein sei. Wiederum andere Kinder fanden, daß er durchaus verstehe, dies sei kein Stachelschwein, aber er fühle sich trotzdem vom Grasbüschel beobachtet. Ein anderes Kind fügte hinzu, in seiner Phantasie sei der Büschel eben doch lebendig. Es ist kaum verwunderlich, daß sich einige Schüler gegen die letzten Äußerungen wandten und diese Folgerung nicht mitmachen wollten.
An diesem Punkt habe ich das Gespräch unterbrochen, um diesen Comic mit der angefertigten Tabelle zu vergleichen. Sehr schnell wurde erkannt,

daß dies ein Witz-Comic sei. Die Prädikate witzig, lustig und phantasievoll wurden ohne Widerspruch angenommen, während die Bezeichnung unwirklich abgelehnt wurde, weil Linus doch ein Kind sei, und diese könnten sich vieles vorstellen. Ebenfalls wurde der Wunsch, den Comic als dumm zu bezeichnen, zurückgewiesen.

Als ich die Kinder bat, mir den Comic zu erzählen, las ein Mädchen die Sprechblasen vor. Andere Kinder erklärten, dies sei falsch. Die Kinder stellten schnell fest, daß es viel einfacher war, diesen Comic zu versprachlichen als „Ferd'nand", und hier konnte man auch in der gesprochenen Fassung den Witz verstehen. Die angestrebte Konkurrenzsituation entstand tatsächlich und die Kinder versuchten, einander zu übertreffen. Dabei hielt der Wunsch, die Geschichte besser erzählen zu können als die anderen, nicht in jedem Falle den Erwartungen stand.

Nach einer ausführlichen Erklärung des Dialogs begannen die Gruppen in der zweiten Stunde damit, den Comic in die Dialogform zu setzen. Anfänglich entstanden in einigen Gruppen Schwierigkeiten, die jedoch, nachdem ich den falschen Ansatz korrigiert hatte, schnell überwunden wurden. In jedem Falle wollten die Kinder dieser Gruppen den Comic nach dem Muster des „Ferd'nand" versprachlichen. Während der folgenden Arbeit bin ich nicht ein einziges Mal zu Rate gezogen worden. Bis auf kleine Unterschiede in der Formulierung sind die Dialoge ziemlich einheitlich ausgefallen, wie bei einem solchen Thema zu erwarten ist.

Nach dieser schriftlichen Fixierung habe ich jede Gruppe aufgefordert, ihr kleines Stück vor der Klasse zu spielen. Die Gruppen entschieden sich, ohne daß ich darauf hingewiesen hatte, immer für ein Mädchen und einen Jungen. Die Spiele wurden unter großer Beteiligung aufgeführt. Etwas überrascht war ich über die spontane Kritik nach jeder Vorführung. Ich hatte gedacht, die Kinder würden darauf verzichten aus Rücksicht auf die eigene folgende Vorführung. Diese Kritik war eigentlich nicht beabsichtigt, da ich verhindern wollte, daß einige Kinder die Freude am Spielen verlieren sollten. Die Kinder verstanden es jedoch, eine ausgewogene Kritik abzugeben, die sowohl positive als auch negative Seiten des Vorgeführten aufgriff. Die kritisierten Kinder fühlten sich aber auch nicht angegriffen und nahmen die Vorwürfe an. Eine solche Kritik wäre wohl, wenn sie vom Lehrer gekommen wäre, nicht mit der gleichen Einsicht aufgenommen worden. Die Kritiker bemängelten oder lobten vor allem Spiele, die es an Tempo oder an richtiger Betonung fehlen ließen oder sich dadurch auszeichneten.

5.1.5. Der Abenteuer-Comic

Einen Abenteuer-Comic unterrichtlich zu behandeln, ist ein ziemlich schwieriges Unterfangen. Einen ganzen Comic in einer Stunde zu erörtern, würde zu weit führen, deshalb habe ich eine Seite eines Abenteuer-Comics gesucht, die als eine geschlossene Einheit verstanden werden konnte. Zugleich eröffnet diese Seite die Möglichkeit, die Geschichte weiter zu „spinnen". Ich habe eine Seite aus dem Comic „Manos Kelly" von Antonio Hernandes Palacios ausgesucht[390]. Hernandes ist Spanier und zeichnet außer dem Western-Comic „Manos Kelly" auch die Abenteuer des spanischen Nationalhelden „El Cid"[391]. Kennzeichnend für den Zeichenstil des Hernandes sind die pastellartige Farbgebung und der immer wechselnde Blickwinkel der Ansichten, eine Technik, die an den Film erinnert. Ebenfalls vom Film übernommen hat er die Technik der unterschiedlichen „Kameraführung", die einmal eine Nahaufnahme, ein anderes Mal die Totale bringt. Mit der Hervorhebung des Vordergrundes des einzelnen Bildes durch einen Gegenstand oder einen Körperteil, wie z.B. einen Arm, verleiht er den Bildern Tiefe. Zur Unterstützung der Geschichte benutzt er verhältnismäßig viel Text. Außerdem werden sehr viele Effekte gebraucht, die es dem Leser ermöglichen sollen, Gefühle des Manos Kelly mitzuempfinden[392]. Die Seite, die ich den Kindern allerdings nur schwarz-weiß anbieten konnte, schildert die Reise mit einer Kutsche durch die Wüste. Die Reisegesellschaft setzt sich aus mehreren Personen zusammen, die ohne Wasser sind. Ein Regenschauer bringt das sehnlich erwartete Wasser. Durch die Herauslösung dieser Seite aus der Gesamtheit bieten sich ganz neue Aspekte für den Unterricht. Die Kinder müssen die Situation der Menschen in der Geschichte erfassen, ohne die Vorgeschichte zu kennen. Dies setzt die Phantasie der Kinder in Bewegung. Die Betrachtung einer Einzelseite eines Abenteuer-Comics ist an sich eine Entfremdung des Abenteuer-Comics. Dadurch werden die Ziele des Produzenten durchkreuzt, und die Phantasie der Kinder führt die Geschichte weiter. Ich möchte trotzdem gerade an dieser Stelle darauf hinweisen, daß Comics, so auch Abenteuer-Comics, nicht unbedingt die Phantasie der Kinder verkümmern lassen, wie oft

behauptet wird, denn schon das Denken von einem Bild zum anderen beansprucht die Phantasie des Kindes. Es gehört nun einmal zur Technik des Comics, im Gegensatz zum Film, daß der Betrachter auch die zwischen den Bildern verlaufende Handlung lesen können muß, denn eine lückenlose Darstellung ist nicht möglich. Das Lesen von Comics muß also eingeübt werden. Ein Kind, das frühzeitig mit Comics konfrontiert wird, kann sie ohne Schwierigkeiten lesen, der Erwachsene dagegen wird sich nur sehr schwierig die Technik des Comic-Lesens aneignen können. Vielleicht liegt hierin die Ursache für das Unverständnis und die Ablehnung der Comics von vielen Erwachsenen. Eine Auseinandersetzung über Comics muß heute anders ausgehen als vor zwanzig Jahren, und in zwanzig Jahren anders als heute, weil der Grad der Vertrautheit mit Comics zugenommen hat und zunehmen wird.
Die Ziele dieser Stunde können folgendermaßen zusammengefaßt werden:

1. Die Phantasie der Kinder soll angeregt werden;
2. Formale Kriterien des Abenteuer-Comics sollen erkannt werden;
3. Der Ausdruck, sowohl schriftlich als auch mündlich, soll – durch die Phantasie angeregt – geschult werden.

Wie bei den vorhergehenden Stunden auch kamen die Äußerungen der Kinder spontan. Als erstes fiel ihnen auf, daß dies ein Abenteuer-Comic sei. Schon der nächste Beitrag zur Diskussion stellte fest, daß dieser Comic ein Western-Comic sei. Damit war, wenn auch ein Schüler noch bemerkte, er sei spannend, das Gespräch beim Inhalt des vorgelegten Comics. Ein Junge fand, daß diese Geschichte Menschen zeigt, die vom Pech verfolgt, aber danach vom Glück gesegnet seien. Daraufhin versuchte ein anderer Junge, die Vorgeschichte zu klären. Um diese zu erhellen, zog er Schlüsse aus der ihm gezeigten Seite. Dabei ging er von der ersten Reihe dieser Comic-Seite aus. Es werden zwei Maultiere tot im Brunnenwasser gefunden, die Verwesung sei schon so fortgeschritten, daß das Wasser vergiftet sei. Als aus der Tatsache, daß die im vierten Bild abgebildete Figur einem anderen einen Vorwurf mache, weil dieser am Tag vorher nicht ans Wasser, sondern an eine Beerdigung gedacht habe, folgerte der Junge, daß an diesem Tag irgendjemand von Indianern getötet worden sei. Einige Schüler hatten erhebliche Schwierigkeiten, ihm soweit zu folgen, doch nachdem er und andere ihre Behauptungen wiederholt hatten, wandten sich die Kinder der Klärung anderer Probleme zu. Sie versuchten, den Schauplatz festzulegen. Ihnen war klar, daß es sich um eine sehr trockene Gegend handele, so wurde von Trokkenheit und Dürre gesprochen. Sehr schnell kamen zwei Jungen darauf, daß besonders die Bilder drei und vier der mittleren Reihe den Ort des Geschehens bestimmen, die ganze Geschichte spiele in der Wüste, denn nur dort würde es tatsächlich „in 100 Jahren nur einmal" regnen. Der Einwand, im zweiten Bild der ersten Reihe wachse doch ein Baum, also könnte es keine Wüste sein, konnte erst zurückgewiesen werden, als erklärt wurde, dies sei wohl eine Poststation, die zur Tränkung der Pferde der Postkutschen eingerichtet sei. Während des Gesprächs über die Landschaft war der Ausdruck „Por dios" geklärt worden und die Kinder vermuteten, daß der Mann, der dies gesagt habe, ein Mexikaner sei, weil er spanisch spreche. Schon kurz nachdem der Bogen verteilt worden war, hatte ich beobachtet, wie ein Junge über das letzte Bild der Seite gelacht hatte, weil man, wie er seinem Nachbarn mitteilte, den Regen in Decken auffangen wolle. Als ich ihn daraufhin später ansprach, hatte er seine Meinung geändert, weil, wie er sagte, dies wohl keine „richtigen" Decken seien, sondern Lederdecken, die zum Schutz des Gepäcks mitgeführt werden.

Das Gespräch brachte im Grunde alles, was ich erwartet hatte. Die Kinder hatten in beträchtlichem Maß ihre Phantasie walten lassen. Trotzdem sind sie nie in reine Spekulation verfallen, sondern versuchten aus dem, was sie wußten, mögliche Antworten auf die entstandenen Fragen zu finden. Sie verfügten außerdem in Detailfragen über ein umfassendes Wissen über den „Wilden Westen", das wohl teils aus anderen Comics stammt, teils aus Film und Fernsehen.

Schon zu Anfang der Stunde hatten die Kinder festgestellt, dies sei ein Abenteuer-Comic. Der Vergleich mit der angefertigten Tabelle ergab folgende Bezeichnungen für diesen Comic: spannend, abenteuerlich, aufregend, gewaltsam, weil Menschen getötet werden, unterhaltsam und gefahrvoll. Gruselig und utopisch wurden abgelehnt. Auf die Frage, ob dieser Comic, wenn utopisch, dann realistisch sei, antworteten einige Kinder mit „ja!" Dies könne er doch gar nicht sein, meinte dazu ein anderes Kind, weil die Geschichte bloß erfunden sei, wirklich seien dagegen die Kleidung, die Kutsche, die Landschaft und die Art der Darstellung der Figuren. Die große Anzahl der Sprechblasen bereiteten erhebliche Schwierigkeiten bei der mündlichen Versprachlichung. Anfänglich versuchten die Schüler, die Geschichte zu lesen. Erst als die Schüler diese Schwierigkeit bemerkt hatten, formulierten sie dementsprechend. Gefragt, welche Überschrift sie der Geschichte geben würden, einigten sie sich, folgende Titel vorzuschlagen: „Die gefahrvolle Fahrt durch die Wüste“ und „Abenteuer in der Wüste“. Weil diese Vorschläge von den Kindern kamen, konnten sie für einen anschließenden Aufsatz, der die Geschichte fortführen sollte, einen dieser Titel aussuchen.

Wie zu erwarten begnügten sich einige Kinder, als sie den Aufsatz schreiben sollten damit, die Geschichte so zu erzählen, wie sie aus dem verteilten Comic ersichtlich war. Die Mehrzahl versuchte den Auszug aus „Manos Kelly“ durch eine Vorgeschichte und ein Ende abzurunden. Nur sehr wenige machten eine eigene von dem Comic fast losgelöste Erzählung. Innerhalb der drei Kategorien gab es gute Aufsätze, wie der Durchschnitt überhaupt etwas besser schien als in Aufsätzen sonst. Den Höhepunkt an erzählerischer Freiheit erreichte der Aufsatz des Rainer. Rainer erfindet seine eigenen Personen und gibt ihnen Namen, die von den anderen Kindern nicht benutzt werden. Zu dem aus dem Comic zu lesenden Inhalt fügt er eine völlig frei erfundene Vorgeschichte hinzu. Auch die Fortsetzung der angebotenen Geschichte geht viel weiter als bei den meisten Kindern. Wenn man den Aufsatz liest, versteht man, in welchem Maße er von den Comics angesprochen ist. Sein Stil mag hier und da holprig vorkommen, aber im ganzen zeugt sein Aufsatz doch davon, daß er durch die Phantasie angeregt einen recht guten Ausdruck zustandebringt. Als Beispiel für die Phantasie, die seinen Aufsatz auszeichnet, mag der Anfang stehen, wo er schreibt: „Ein heißer Tag in Mexiko. Heute fährt die Kutsche durch die Steppe nach Texas. Es fahren drei Leute mit, der alte Captain Mark und zwei junge Burschen, Jim und Joe. Der Kutscher Pedro und sein Begleiter Manos rufen die Männer, sie sollen kommen, denn sie wollen fahren. Als sie alle in der Kutsche waren, fuhren sie los. Aber auf einmal kam der Telegrafist aus seiner Bude herausgelaufen und wollte dem Kutscher ein Telegramm geben. Aber es war zu spät, die Kutsche bog gerade um die Ecke. Der Mann wollte hinterherlaufen, aber da kam der Sheriff aus dem Laden. Er hielt ihn an und fragte, wo er hinlief. Der Mann sagte: „Ich muß die Kutsche aufhalten, denn eben ist ein Telegramm von Fort Biber gekommen . . .“

Auch andere Kinder haben ihrer Phantasie freien Lauf gelassen und dadurch das konsumierende Comic-Lesen aufgegeben und sind schöpferisch tätig geworden. Selbstverständlich holen die Kinder Anregungen aus Film, Fernsehen und aus anderen Comics. Dies mindert jedoch nicht den Wert der geschriebenen Aufsätze, denn erst durch diese wird dies den Kindern bewußt. Der Aufsatz des Ralf zeugt auch davon, daß er sich mit dem Comic gründlich beschäftigt hat. Er beschreibt die Situation der Insassen der Postkutsche wie folgt: „Die Nacht zog über die Wüste her. Ein Coyote heulte. Die Männer waren mit ihren Gedanken bei den letzten Tagen. Sie dachten an den Apachenüberfall, an die Toten, die es gab und an den Durst. Am anderen Morgen war große Aufregung im Lager. Das Brunnenwasser war durch verwesende Mulis vergiftet und das in der Wüste . . .“

Zu den Aufsätzen, die sich hauptsächlich mit der vorgelegten Comic-Seite befaßten, rechne ich den Aufsatz der Karin, die u. a. schreibt: „. . . Der Morgen beginnt nicht gut. Das Wasser ist von zwei toten Mulis vergiftet, die die Apachen hineingeworfen haben. Der Oberst sagt: „Gestern hätten wir besser Wasser geholt, anstatt die Männer zu beerdigen . . .“ Aus der gleichen Gruppe stammt der Aufsatz der Gabriele, die schreibt: „. . . Was wird sie noch erwarten? Plötzlich ziehen dunkle Wolken auf. Der Cowboy auf dem Dach glaubt seinen Augen nicht. „Por dios! Das gibt es in 100 Jahren nur einmal . . .“.

Wie schon erwähnt, haben nicht alle Kinder die gestellte Aufgabe lösen können. Dabei haben die Sprechblasentexte am meisten gestört. Sie haben ganz einfach die Handlung in die Prosa nicht umsetzen können. Als Beispiel hierfür mag der Aufsatz der Petra gelten: „Auf einmal schrie einer von den Leuten: „Anhalten,Pedro! Ein Gewitter kommt auf uns zu“. Alle schrien: „Wir sind gerettet. Wir spannen ganz schnell die Decken aus, denn kein Tropfen darf uns verloren gehen! . . .“. Trotzdem kann der Aufsatz nicht als mißlungen bezeichnet werden. Es ist verständlich, daß ein ausdrucksschwaches Kind sich genau an das Vorgegebene hält, dadurch versucht es, sich von dem Zwang des Ausdrucks zu befreien. Gerade ein solches Kind kann in den Comics Hilfe finden, die es ihm ermöglichen, seinen Ausdruck zu schulen. Die größten Schwierigkeiten beim Schreiben des Aufsatzes scheint Bernd gehabt zu haben. Ihm ist es nicht gelungen, vom Comic loszukommen. So identifiziert er sich noch teilweise mit den Gestalten, die im Comic vorkommen. Auf der anderen Seite hat die Reflexion schon eingesetzt. Dadurch hört sich der Aufsatz wie folgt an: „Jetzt aber kommen Indianer auf sie zu, sie schießen, einer unserer Männer ist tot. Die Indianer ziehen sich zurück, und wir beerdigen ihn, und wir fahren weiter. Auch am nächsten Morgen haben wir Schwierigkeiten . . . „Aber die Apachen denken auch an alles", sagt einer von uns! Sie fahren jedoch ohne Wasser weiter . . .". Nur Bernd hat einen solchen Aufsatz geschrieben. Die Ursache hierfür scheint bei ihm entwicklungsbedingt zu sein. Eine Möglichkeit wäre natürlich auch, daß er die Geschichte in der Ich-Form schreiben wollte, aber dies nicht hat durchhalten können.

5.1.6. Gruppenunterricht

Für den Gruppenunterricht habe ich achtzehn Bände von Tim und Struppi (Les Aventures de Tintin) ausgewählt.

1. Die Zigarren des Pharaos
2. Der Arumbaya-Fetisch
3. Die schwarze Insel
4. König Ottokars Zepter
5. Der Geheimnisvolle Stern
6. Die Krabbe mit den Goldenen Scheren
7. Das Geheimnis der „Einhorn"
8. Der Schatz des Rackhams des Roten
9. Die Sieben Kristallkugeln
10. Im Reiche des schwarzen Goldes
11. Der Sonnentempel
12. Reiseziel Mond
13. Schritte auf dem Mond
14. Der Fall Bienlein
15. Kohle an Bord
16. Tim in Tibet
17. Die Juwelen der Sängerin
18. Flug 714 nach Sydney[393]

Dr. Hansjörg Ostertag nennt die Comics des Hergé „Bildgeschichten als schöpferische Tat eines einzelnen Idealisten"[394]. Die Tim und Struppi-Bände bieten eine Reihe Ansatzpunkte für den Unterricht. So sind sie wohltuend frei von Brutalität und auch wenn sich Tim für eine gute Sache mit Gewalt einsetzen muß, macht er seine Widersacher nur kampfunfähig. Dabei ist das Problem der Gewalt und der Brutalität in den Comics noch lange nicht ausdiskutiert. Auf der Frage nach der Brutalität in seinen Comics antwortete einer der bekanntesten Comic-Macher Stan Lee: „Was zum Teufel ist Brutalität? Ich meine, unsere Hefte sind genau das Gegenteil von Gewalttätigkeit. Das wirkliche Leben ist voller Brutalität, obwohl es heutzutage schon zu einem Klischee geworden ist. Ich meine Kriminalität, Vietnam, Armut, Blindgläubigkeit – das ist Brutalität. Aber es gibt nichts Brutales in unseren Comics: gute Kerle versuchen die Welt vor schlechten Kerlen zu retten. Jemand schlägt jemanden in einer Geschichte: wir fügen das ein, weil Kinder die Hefte nicht kaufen würden, wenn wir es nicht täten. Das ist unsere Konzession an die jüngeren Leser. Es muß halt irgendwo eine Kampfszene vorkommen. Genauso wie Sie keine Gören in einen Westernfilm kriegen, wenn nicht ein oder zwei Schießereien drin vorkommen. Aber im Vergleich mit den heutigen Weltproblemen halte ich einen Kinnhaken nicht für wirklich brutal. Nicht so, wie wir es machen. Es ist ja nicht mal ein normaler Kinnhaken. Meistens schlägt ein unbesiegbarer Mensch eine unzerstörbare Kreatur irgendeiner Art. Man hat nicht einmal das Gefühl, daß jemandem der Kiefer gebrochen wird, wie das im wirklichen Leben geschehen könnte. Es ist alles so völlig irreal und phantastisch. Ich würde das erregend und dynamisch und phantasievoll nennen. Aber ich würde es ganz bestimmt nicht brutal nennen!“[395] Stan Lee trifft, wenn auch die Antwort in ihrer Gesamtheit nicht ganz überzeugend wirkt, ohne Zweifel den Kern der Auseinandersetzung. Auch bei Tim bleibt der Eindruck, daß er trotz Anwendung von Gewalt zur Bezwingung irgendwelcher Bösewichte nie jemandem Schaden zufügt. Verglichen mit der Brutalität, der die Kinder im Alltag in den unterschiedlichsten Formen ausgesetzt sind, wirkt die Gewalt des Tim harmlos.

Das ist jedoch nicht der einzige Vorzug der Tim-und-Struppi-Abenteuer. Die Geschichten des Hergé sind „mit einem Rankenwerk roman- und schwankhafter Elemente, einem Netz geheimer Verbindungen und Intrigen“ umgeben[396]. Sie hatten zu dem Zeitpunkt, als sie entstanden, immer einen aktuellen Bezug. So verarbeitet z.B. das Heft „Im Reiche des Schwarzen Goldes“[397], die Situation in Palästina vor dem Entstehen des Staates Israel. Trotzdem nimmt Hergé nie zu einem Problem Stellung, aber seine Figuren werden dadurch in neue Abenteuer verstrickt. Dieser Aktualitätsbezug oder heute besser Geschichtsbezug ist nur eine Folge der Detailgenauigkeit des Hergé, die sich geradezu zur Besessenheit entwickelt hat. Jedes Detail stimmt, ob es sich nun um einen bestimmten Autotyp, eine Uniform oder ein Gebäude handelt. So erwähnt Dr. Ostertag den Bahnhof Cornavin in Genf und die Uniform eines schweizer Wehrmannes, die bis ins Genaueste übereinstimmen[398]. Dr. Ostertag sagt zu dieser Detailfreudigkeit: „Für ihn ist diese äußere Exaktheit der Dinge und Schauplätze viel eher Ausdruck des inneren *Wahrheitsgehaltes,* der eigentlichen Stimmigkeit seiner Geschichten".

Die Charaktere des „Balzac des aventures en images", wie sein Biograph Pol Vandromme Hergé nannte[399], scheinen im Gegensatz zum Detailismus zu stehen. Dies täuscht jedoch, denn Hergé hat zwar keine äußerlich realistischen Figuren geschaffen, dafür sind die Personen mit menschlichen Zügen versehen, die man wiederzuerkennen glaubt. Nur die Art, wie er die „Nebenrollen" der Geschichten darstellt zeigt, daß es ihm wirklich um Darstellung von Menschen geht. Hergé läßt den Tim (Tintin) nicht als strahlenden Helden erscheinen und umgibt ihn mit einer Reihe Gestalten, die in noch höherem Maße menschlich erscheinen als der Tim. Ich habe schon auf den Tim als Identifikationsfigur hingewiesen. An dieser Stelle werde ich zur Vergegenwärtigung die Begleitfiguren nochmal erwähnen. Es sind: Struppi (Milou), Kapitän Haddock, Professor Bienlein (Tournesol) und das Detektivpaar Schulze und Schultze (Dupond und Dupont). Diese Figuren sind Kontrastfiguren zu Tim. Die Schaffung von Kontrastfiguren ist in den Comics verhältnismäßig selten. Bei Tim ist es inzwischen so geworden, daß Kapitän Haddock, wie oben erwähnt, eine Art Hauptfigur geworden ist. Auf S. 31 habe ich schon auf die sprachliche Differenziertheit in den Tim und Struppi-Abenteuern hingewiesen. Eine Sprachbetrachtung könnte im Zusammenhang mit Comics abwegig erscheinen, aber es gibt sehr viele Comics, die ohne Sprache unverständlich wären. Dazu schreibt Umberto Eco: „Das geschriebene Wort (in diesem Fall das geschriebene Wort der Sprechblase) treibt die Entwicklung der Erzählung voran, beherrscht die syntagmatischen Verkettungen, während die Bilder – allein betrachtet ermöglichen sie nicht das Verständnis des Geschehens – nur die Punktion paradigmatischer Unterstreichung haben. Mit anderen Worten: die Bilder enthalten das Repertoire der Charaktere, unterstreichen Emotionen, rufen mythische Assoziationen hervor, während die Worte die Handlung vorantreiben und die logischen Beziehungen zwischen den Ergebnissen herstellen"[400]. Eco möchte dies jedoch nicht für alle Comics gelten lassen. So unterscheidet er eine andere Art von Comics: „Hier sagt uns das Bild, was geschieht, während der Text das Emotionale beisteuert, er hat eine

Funktion wie ein Zwischenruf, er sorgt sozusagen für die Paukenschläge, nicht für die Melodie“[401]. Wenn es, wie Eco behauptet, zwei Kategorien des Comics gab und gibt, dann müssen die Pädagogen, die den schädlichen Einfluß der Comics auf das Lesen propagieren, ihre Meinung ändern. Eco drückt dies so aus: „Der bekannte Einwand gegen die Comics nämlich, sie erzögen die Kinder dazu, nicht mehr zu lesen, mußte hinfällig werden, wenn Comics mit der bloßen Bildfolge nichts erzählten, wenn das Betrachten der Bilder zum Lesen der Texte zwang“[402]. Auch wenn die französischen Originalausgaben sprachlich mehr an Originalität als die deutschen bieten, kann man, wie Dr. Ostertag es tut, behaupten, daß „die Lektüre der Tintin-Bände zur Erweiterung und Bereicherung der Sprache des jungen Lesers beiträgt“[403].

Es wäre allerdings falsch, die Sprache isoliert zu betrachten, denn erst durch die Kombination von Wort und Bild entsteht der Gesamteindruck. Gefragt nach der Absicht mit seinen Geschichten antwortere Hergé: „Es ist nicht meine Aufgabe die Jugend zu formen. Ich bin nur ein Unterhalter“[404]. Und Unterhaltung wird den Lesern wahrhaftig geboten. Die Episoden sind voll Humor, ein Humor, der den Leser immer wieder fasziniert, so daß wer einmal sein Herz an die Geschichten des Hergé verloren hat, diese wiederholt hervornimmt, um sich weiter zu *amüsieren.* 1960 waren die Tim und Struppi-Bände auf französisch allein in einer Auflage von 10 Millionen Exemplaren erschienen[405]. 1972 wurden sie in 29 Ländern der Welt vertrieben, wozu so entfernte Länder wie Australien, Brasilien, Indonesien, Japan, Neuseeland und die USA zählten[406]. Die Auflage durfte heute ein Mehrfaches von der im Jahre 1960 erreicht haben. Als Ursache für diese Begeisterung führt Dr. Ostertag an: „Die Buben und Mädchen, die die Tintin-Bände heißhungrig verschlingen, spüren hier die unprätentiöse Ehrlichkeit und saubere Bescheidenheit eines schöpferischen Autors, der sie mit einfachen Mitteln zu überzeugen vermag“[407]. Etwas weiter unten fährt er fort: „Hergés Helden kennen ihre eigene Unzulänglichkeit, sie vermögen sich jederzeit selbst in Frage zu stellen und wissen sich dabei doch stets in einer höheren Ordnung geborgen. Die bestehenden Widersprüche zwischen Individuum und Wirklichkeit, zwischen den einzelnen und den herrschenden Normen und Konventionen, zwischen Absicht und Verwirklichung, Vorsatz und Tat werden durch Lachen aufgelöst, die innermenschliche Freiheit wird dadurch wiederhergestellt“[408].

Dieser Unterricht, der vier Stunden umfaßt, wird hauptsächlich in

Gruppenarbeit, teils aber auch in Einzelarbeit durchgeführt. Diese Form des Unterrichts wurde gewählt, um den Zusammenhalt innerhalb der Gruppe zu verstärken, außerdem soll in den Gruppen gemeinschaftliches Arbeiten gefördert werden. Da die Gruppen jedoch nur kleine Teile der gestellten Aufgaben erarbeiten können, erfahren die Schüler, daß die Arbeit innerhalb der Gruppe nur ein Teil einer Gesamtleistung ist. Erst der Austausch der Ergebnisse bringt einen Gesamtüberblick. Im Gegensatz dazu sollen die Kinder aber auch erkennen, daß nicht jede Arbeit in der Gruppe gemacht werden kann, so daß für einige Aufgaben das individuelle Arbeiten notwendig ist. Ob Gruppenarbeit oder Einzelarbeit, es wird darauf Wert gelegt, die Kinder möglichst selbständig arbeiten zu lassen, ohne Eingriffe des Lehrers. Daraus sollten sie erkennen, daß Probleme auch von ihnen allein gelöst werden können.

Ziel dieses Unterrichts ist es, eine ganze Comic-Reihe zu analysieren. Natürlich kann nicht erwartet werden, daß die Kinder dieser Altersstufe alle Aspekte des Comics erfassen. Darum kann es auch nicht gehen, denn auch dieser Unterricht ist Teil einer Gesamtheit, die dem Prozeß der Bewußtwerdung dient. Die Analyse der Tim und Struppi-Bände soll dazu beitragen, Strukturen des Comics zu erkennen. Selbstverständlich können die Tim und Struppi-Abenteuer nicht stellvertretend für alle Comics schlechthin stehen, dazu sind sie in vielem zu andersartig. Trotzdem können einige Erkenntnisse für Comics im allgemeinen daraus gewonnen werden. Durch die Qualität der Tim und Struppi-Comics werden die Kinder angehalten, Vergleiche mit anderen zu ziehen. Ohne ausdrücklich darauf hinzuweisen, werden sie darauf aufmerksam, welche Ansprüche Comics erfüllen können. Alle Comics, die den Kindern während dieser Versuchsreihe vorgelegt werden, können meiner Ansicht nach dies für sich beanspruchen. Hoffentlich wird dies auch dazu führen, daß die neugewonnene Kritikfähigkeit zum Kauf anspruchsvoller Comics führt. Dies ist leider in Deutschland nicht leicht, da das Angebot an billigen anspruchsvollen Comics ziemlich gering ist. Aber auch wenn die Kinder die nach meiner Meinung schlechten Comics kaufen sollten, wird die Erweiterung der Kritikfähigkeit dazu führen, diese nicht mit den gleichen Augen zu betrachten. In diesem Zusammenhang soll bemerkt werden, daß die Entscheidung, ob ein Comic gut oder schlecht sei, immer eine subjektive ist. Aus den gestellten Aufgaben lassen sich jedoch auch Erkenntnisse für den sonstigen Literaturunterricht gewinnen.

Eine Woche vor der ersten Stunde mit den Tim und Struppi-Bänden wurden die Bände so verteilt, daß jede Gruppe drei erhielt. Auf dem verteilten Arbeitsbogen[409] sollten die Kinder alle Figuren, die sich äußern, nach „Haupt"- und „Nebenrollen" einteilen, sowie die Schauplätze eintragen. Die Gruppen stellten sehr schnell fest, daß es unpraktisch war, die Gruppe in ihrer Gesamtheit den Bogen für jedes Heft ausfüllen zu lassen. Deshalb fand ohne meine Einwirkung eine Arbeitsteilung statt. Die Arbeit wurde innerhalb der Gruppe verteilt. Das Herausfinden der Figuren und der Schauplätze bereitete keine Schwierigkeiten. Diese entstanden erst, als die Gruppenarbeiten zu einem Gesamtergebnis koordiniert werden sollten. Für jedes Tim und Struppi-Buch hatte man nämlich jeweils andere „Hauptrollen" herausgefunden. Nach kurzer Ratlosigkeit wurde von einem Kind vorgeschlagen, nur die Figuren zu den „Hauptrollen" zu erklären, die diese Funktion im Gesamtwerk innehaben. So einigte man sich sehr schnell auf folgende „Hauptrollen":

1. Tim
2. Struppi
3. Kapitän Haddock
4. Professor Bienlein
5. Schultze und Schulze

Die „Nebenrollen" schienen zuerst noch größere Schwierigkeiten zu bereiten. Nicht nur mußten die Gruppen die Figuren, die in den einzelnen Bänden „Hauptrollen" hatten, im Gesamtwerk zu Figuren mit „Nebenrollen" umfunktionieren, sondern sie mußten die fast unzähligen „Nebenrollen" des Gesamtwerks aufzählen. Dies schien ihnen zu kompliziert, und sie einigten sich nur die „Nebenrollen" aufzuführen, die im Werk mehrmals vorkommen, denn alle aufzuzählen, würde zu weit führen.

1. Rastapopoulos
2. Nestor
3. Leutnant Allan
4. Signora Castafiore
5. Fridolin Kiesewetter
6. General Alcazar
7. Mohamed Ben Kalisch Ezab
8. Abdallah
9. Pilot Klap
10. Senhor Oliveira da Figueira

Schon diese Arbeit hatte die Vielfältigkeit der Tim und Struppi-Bände gezeigt, denn es war kaum möglich, alle Figuren aufzuzählen. Der Versuch, die Schauplätze des Gesamtwerkes festzuhalten, wurde aufgegeben, denn waren sie im Einzelband schon kaum überschaubar, so war dies im Gesamtüberblick natürlich schier unmöglich, denn wie ein Schüler sich ausdrückte, es gebe ja „so viele". Hier haben die Kinder erkannt, daß die Arbeit der Einzelgruppen überschaubar ist, aber daß die Zusammenfassung der Ergebnisse Vereinfachungen erfordert, so daß die Kinder das Wichtigste erkennen müssen. Sie haben sehr schnell Möglichkeiten der Lösung der Probleme gefunden.
Die Beschreibung der Figuren, die vorher als „Hauptrollen" bezeichnet wurden, fand anschließend statt. Jetzt ging es darum, die Kinder genau beobachten zu lassen. Sie sollten in Kurzform eine Charakteristik der oben erwähnten Figuren verfassen, die in der nächsten Stunde zu einer für das Gesamtwerk geltenden Beschreibung geformt wurde. Trotzdem sollen an dieser Stelle einige Ergebnisse der Gruppenarbeit kurz besprochen werden, weil sie Auskunft über die Beobachtungsgabe der Kinder und die Identifikation dieser mit den Comics geben. Gerade der Tim bietet Möglichkeiten der Identifikation. So schreibt eine Gruppe über ihn: „Tim ist ein Reporter. Er ist ca. 19–20 Jahre alt. Er ist sehr schlau. Sein Hobby ist die Kriminalistik. Tim klärt die kriminellsten Fälle auf. Er sieht aus wie ein Kind". Ähnlich äußert sich eine andere Gruppe, wenn sie meint: „. . . Er ist ein intelligenter Junge". Beide Gruppen können sich jedenfalls mit ihm identifizieren. Dies kann in diesem Fall als positiv bezeichnet werden, wenn die Attribute, die ihm zugeschrieben werden, betrachtet werden, nämlich „neugierig und schlau . . . höflich, tierfreundlich, mutig und jung".
Struppi, der Hund des Tim, hat selbstverständlich nicht die gleiche Rolle in der Beschreibung wie die menschlichen Wesen. So begnügen sich die Gruppen damit, allgemeines festzustellen. Erwähnenswert scheint mir nur, daß Struppi „große Angst vom Fliegen" hat, und daß er „keine Leine" mag.
Kapitän Haddock, die vielleicht lebendigste Comic-Figur überhaupt, wird von den meisten Gruppen ähnlich beschrieben. Er wird von einer Gruppe wie folgt charakterisiert: „Er ist ein witziger und humorvoller Kapitän. Kapitän Haddock ist ein leidenschaftlicher Trinker. Er gestaltet sein Leben fantasievoll . . .". Eine andere Gruppe wählt eine ähnliche Formulierung: „. . . Er ist ein lebenslustiger Mensch. Seine Ausdrücke

sind unter aller Würde. Er ist leicht erregbar. Er hilft Tim durch seine Tollpatschigkeit. Er nennt seinen Whisky „Medizin“. Die Beschreibungen des zerstreuten Professors Bienlein zeigen, daß die Kinder diese Figur nicht auf die gleiche Weise mögen wie z. B. Tim oder Kapitän Haddock, wenn sie auch seine Zerstreutheit verstehen. Dagegen haben sie sehr wohl die Eigenschaften der beiden Detektive Schultze und Schulze begriffen. Fast alle Gruppen haben beobachtet, daß Schultze und Schulze „Tim durch ihre Doofheit meist in Schwierigkeiten“ bringen, eine Gruppe hat sogar bemerkt: „Sehr ulkig ist die Art, wie sie reden“. Es gehört eine gute Beobachtungsgabe dazu, die phrasenhafte Ausdrucksweise der beiden Pechvögel festzustellen, wie die Kinder überhaupt sehr kritisch die Figuren der Comics beobachtet und beschrieben haben.
Die Zusammenfassung der Gruppenarbeiten gestaltete sich anfänglich schwieriger, als ich mir das vorgestellt habe. Zuerst versuchte jede Gruppe, seine eigenen Beschreibungen in die gemeinsame Fassung zu bringen. Erst allmählich sahen die Kinder ein, daß dieses Verfahren nicht zum Erfolg führen würde. Statt dessen wurden Meinungen zu den einzelnen Figuren ausgetauscht, um aus dem Gesammelten eine einheitliche Beschreibung zu erhalten. Die Formulierung wurde den Kindern überlassen. Dabei stellte sich heraus, daß sie nicht sofort damit zufrieden waren, so daß die endgültige Fassung erst nach einer längeren Auseinandersetzung zustande kam. Die Beschäftigung mit Comics im Gruppenunterricht hat gezeigt, daß gerade während dieses Unterrichts die Kritikfähigkeit der Kinder geschärft wurde. Auch diese Stunde hat dazu beigetragen, das Konsumverhalten abzubauen, außerdem hat die Arbeit an der gemeinsamen Figurenbeschreibung Wertvolles für die Sprachbildung der Kinder geleistet. Folgende Fassung wurde zusammengestellt:

Tim

Tim hat eine auffällige Frisur und trägt fast immer die gleiche Kleidung. Sein Alter ist schwer zu schätzen, er sieht aber jung aus. Tim ist ein Reporter, der oft abenteuerliche Kriminalfälle löst. Er ist bescheiden, schlau, mutig und tapfer und handelt gut.

Struppi

Struppi ist der ständige Begleiter von Tim. Er ist ein kleiner weißer Foxterrier, der Tim öfter aus Schwierigkeiten hilft.

Kapitän Haddock
Er ist ein whiskytrinkender Kapitän, der trotzdem gutmütig ist. Kapitän Haddock ist sehr aufbrausend und benutzt komische Ausdrücke.

Professor Bienlein
Manchmal ist Professor Bienlein sehr zerstreut, außerdem vergeßlich und schwerhörig. Er sucht mit seinem Pendel nach Schätzen.

Schultze und Schulze
Die beiden Detektive könnten Zwillinge sein, weil sie gleich aussehen. Sie versuchen, Tim zu helfen, bringen ihn jedoch fast immer in Schwierigkeiten. Sie sprechen wie ein Echo.

In der vierten Stunde dieses Versuches sollten die Kinder ihre persönliche Meinung zu den Tim und Struppi-Abenteuern in der Form eines Aufsatzes mitteilen. Neben der Schulung des schriftlichen Ausdruckes ging es vor allem darum, die Kinder zu einer individuellen Stellungnahme zu animieren. Aus dieser kann dann herausgelesen werden, ob die Kinder durch den durchgeführten Gruppenunterricht dem Comic kritisch gegenüberstehen. Die Aufgabe der Kinder wurde folgendermaßen formuliert: „Haben dir die Tim und Struppi-Abenteuer gefallen? Schreibe, warum sie dir gefallen oder mißfallen haben!“

Bis auf einen Jungen fanden alle Kinder Gefallen an den Abenteuern. Der Junge, Horst, kritisiert, daß „ausgerechnet Tim in solche Sachen verwickelt“ . . . wird, „und warum nicht andere Leute . . .“. Auch in anderen Aufsätzen wird Kritik an Tim geäußert. So schreibt z.B. Birgitt: „Was ich nicht leiden kann ist, daß Tim immer im Mittelpunkt stehen muß“. Noch schärfer ist die Meinung des Rainer: „Tim, finde ich, ist langweilig, er macht niemals Spaß oder regt sich auf“. Andere Schüler finden gerade an Tim Freude, Jürgen schreibt: „Mir gefallen die Abenteuer, weil der Tim so hilfsbereit ist . . .“. Trotz der gelegentlich geäußerten Kritik gefallen die Abenteuer. Dabei werden sehr unterschiedliche Gründe für die Beliebtheit von „Tim und Struppi“ angegeben. Besonders die Person des Kapitän Haddock hat es den Kindern angetan. Von ihm meint Andrea: „Kapitän Haddock spielt eine wichtige Person, er bringt nämlich erst richtig Freude und Spaß in die Geschichte“. Etwas kritischer zu Kapitän Haddock äußert sich Ralf: „Wenn Kapitän Haddock seine Ausdrücke losläßt, denke ich manchmal, er sollte sich mal etwas anderes einfallen lassen“.

Ralf findet zwar die Bände etwas zu lang, aber „durch die Bilder denkt man, man sei direkt dabei“. Ähnlich äußert sich Karin: „Mir haben die Bücher gut gefallen, weil sie schöne Bilder und gute Witze haben“. Mehr als einmal haben die Kinder darauf hingewiesen, daß die Comics „echt“ seien. Dies drückt Gabriele folgendermaßen aus: „Die Bände sind so abwechslungsreich und sehr unterhaltsam. Die Bilder sind wie echt. Überhaupt wirkt alles echt ...“. Zu diesem Aspekt der „Tim und Struppi“-Bände schreibt Karin: „Ich finde, daß in den Geschichten nicht zuviel übertrieben wird. Die Geschichten sind an manchen Stellen so spannend, aber sie werden nicht so brutal wie zum Beispiel Bugs Bunny“.

Der Wahrheitsgehalt der Abenteuer wird von vielen Kindern hervorgehoben. Trotz der Bereitschaft zur Kritik finden fast alle Kinder Gefallen an den Schöpfungen des Hergé. Die Bewertung eines Comics kann kaum positiver sein als die des Bernd: „Es sind einige Geschichten die wirklich passieren könnten, aber es sind ja nur ausgedachte Geschichten, leider. Sie sind auch sehr phantasievoll“. Sehr positiv ist auch die Äußerung der Andrea: „Die Tim und Struppi-Bände sind einige der lustigsten und spannendsten Bände, die es gibt. Es sind nicht die Bücher, wo die Hauptfigur immer gewinnt, selbst Tim wird verletzt und überwältigt ...“.

5.1.7. Versprachlichung eines Comics

Nach den vorhergehenden Versuchen sollen die Kinder die zweite Geschichte des „Ferd'nand“ versprachlichen[410]. Nach dem Mittagessen am Sonntag verspürt Ferd'nand Lust, sich einen kleinen Mittagsschlaf auf der Couch im Wohnzimmer zu genehmigen. Während Ferd'nand sanft einschläft, kommt sein Sohn, der bis auf den Schnurrbart eine Miniatur-Ausgabe des Ferd'nand ist, in das Zimmer und fängt unter ohrenbetäubendem Lärm an zu spielen. Die Mutter, die dies hört, kommt darauf ins Zimmer und fordert den Sohn auf, leise das Zimmer zu verlassen und anderswo zu spielen. Jetzt, nachdem der Sohn das Zimmer verlassen hat, wacht Ferd'nand auf und schaut sich fragend nach dem Sohn um. Nicht ohne Grund hat Mik diese Episode „Ohrenbetäubende Stille“ genannt.

Zur Versprachlichung des Comics wird die Aufsatz-Form, also eine Nacherzählung gewählt. Jetzt soll jedes Kind selbst versuchen, den Inhalt dieser Geschichte in der ihm gemäßen Form zu schildern. Jede schriftliche Fixierung bricht mit der Form des Comics. Es wird vom Kind keine geringe Abstraktionsfähigkeit verlangt, wenn es diese Geschichte in Prosa umsetzen soll, so daß jeder die Geschichte versteht. Diese Versprachlichung erfordert aber auch ein hohes Maß an Ausdrucksfähigkeit. Trotzdem müßte der Schüler nach den vorausgegangenen Stunden in der Lage sein, diese Aufgabe zu lösen. Durch die Beschäftigung mit diesem Comic wird er dazu veranlaßt, darüber zu reflektieren. Diese Arbeit verlangt von ihm, daß er den Handlungsablauf genau beobachtet, denn ohne eingehende Beobachtung wird er wichtige Details der Geschichte nicht beachten. Selbstverständlich kann vom Schüler nicht erwartet werden, daß er die Witzigkeit des Comics wiedergibt, denn dies liegt außerhalb seiner Ausdrucksfähigkeit, und es ist überhaupt zweifelhaft, ob die Geschichte in Worten entsprechend wiedergegeben werden kann.

Durch die fehlende mündliche Versprachlichung vor der Klasse wird der Phantasie des einzelnen durchaus Möglichkeiten zur individuellen Gestaltung der Geschichte gegeben. Diese ist ein weiterer Moment im Bestreben, den Kindern Sinn und Inhalt der Comics bewußt werden zu lassen. Ich habe die Geschichte „Ferd'nand" gewählt, weil er den Kindern schon bekannt ist und weil die Geschichte eine Handlung wiedergibt, die bei manchen in ähnlicher Weise vorkommen könnte. Dieser Bezug zur Realität der Kinder bietet ihnen beim Schreiben eine Hilfe, er ermöglicht ihnen aber auch, eigene Erfahrungen bewußt oder unbewußt in die Erzählung fließen zu lassen. Dieser Aufsatz soll die Versuchsreihe im Bereich des Deutsch-Unterrichts abschließen.

Der Aufsatz zeigte, daß es schwierig für die Kinder ist, einen Pantomimen-Comic zu versprachlichen. Schon der Versuch „3" hatte gezeigt, daß die Abstraktionsfähigkeit der Kinder kaum ausreicht, einen Comic, der auf Text verzichtet, in Prosa umzusetzen. Dabei haben die Kinder ohne Zweifel den Witz des Strips verstanden. Der Versuch unterstreicht die schon erwähnte Beobachtung, daß die bildnerischen Elemente der Comics sich nicht in jedem Fall in Worte umschreiben lassen, vor allem die Pantomimen-Comics lassen sich kaum versprachlichen. Der Ablauf der Geschichte läßt sich von den Kindern fast mühelos beschreiben, nur den eigentlichen Witz dieser Episode können die wenigsten Kinder wiedergeben. Als Beispiel hierfür mag der Schluß des Aufsatzes von Ralf stehen: „Da kommt die Mutter ins Zimmer und holt den kleinen Musikanten aus seinem (Ferd'nands) Zimmer. Doch da wacht Ferd'nand auf". Die Schwierigkeit des Ralf beim Schluß des Aufsatzes spricht eigentlich für die Comics, denn hierdurch zeigt sich, daß sie durchaus eine eigene Ausdrucksform haben, die nicht ohne weiteres in ein anderes Medium übersetzt werden kann. Diese Erfahrung wird die Kinder auch zu Überlegungen veranlaßt haben, die für die künftige Beschäftigung mit Comics fruchtbar sein werden. Trotz der einleuchtenden Schwierigkeit sind einige Kinder auf die richtige Spur gekommen, so z.B. Angelika, wenn sie schreibt: „Jetzt war es still geworden. Aber durch diese ohrenbetäubende Stille wurde Ferd'nand wach". Auch Michael erreicht durch seinen Schluß etwas ähnliches: „Die Tür ging zu und Ferd'nand erwachte, schaute sich um und wußte nicht recht, was ihn geweckt habe und schaute verdutzt in die Umgebung". Eine andere Lösung hat sich Lutz ausgedacht: „Nach seinem Gesichtsausdruck zu urteilen, überlegte er, ob es ein Traum oder Wirklichkeit war".

5.1.8. Comics im Geschichtsunterricht (z.B. Prinz Eisenherz)

Comics können ohne Zweifel auch in anderen Unterrichtsfächern eingesetzt werden. Die sogenannten Geschichtscomics im Geschichtsunterricht zu benutzen, scheint sehr fraglich. Sie können höchstens versuchsweise eingesetzt werden, um die verzerrte Geschichtsdarstellung aufzuzeigen, dabei spielt das erzählerische und künstlerische Niveau keine Rolle. Unter den Geschichtscomics ragt vor allem Hal Fosters „Prinz Eisenherz" (Prince Valiant) heraus. Foster läßt den Prinzen zur Zeit König Arthurs leben, er hat die berühmte Tafelrunde jedoch in das Kostüm der Blütezeit des Rittertums im 12. Jahrhundert gesteckt. Prinz Eisenherz reist nicht nur durch die halbe Welt, sondern auch durch die Zeit. Er bereist nicht nur ganz Europa, Nordafrika und Vorderasien, auch Nordamerika und Zentralafrika werden von ihm besucht. Die Zeitsprünge sind noch größer, so erlebt Prinz Eisenherz die Hunnen, den Fall Roms, die Invasion der Sachsen, Angeln und Jüten in England und die Wikinger, aber auch die Kreuzzüge. Foster schickt also seinen Helden durch ein Jahrtausend. Trotzdem erfreut sich der Comic einer unwahrscheinlichen Beliebtheit, auch unter Akademikern.
Einen solchen Comic im Geschichtsunterricht einzusetzen, scheint mehr als fraglich. Trotzdem sind einige Seiten des Comics, wenn sie aus dem

Zusammenhang genommen werden, durchaus geeignet, Milieu und Lebensweise der Ritterzeit aufzuzeigen. Die Seiten müssen jedoch sehr kritisch betrachtet werden, um Geschichtsverfälschungen zu vermeiden, und sie sollten nie allein im Unterricht verwendet werden. Besonders geeignet sind die Seiten, die die Ritterturniere und das Treiben am Rande dieser zeigen. Hier wird deutlich, daß Foster sehr viel Quellenmaterial verarbeitet hat. Der Comic zeigt, wie die Quellen, die Foster benutzt hat, die Minne, die Sage und der Ritterroman, nur das Leben unter den Rittern. Die Ausbeutung der Bauern und ihre Abhängigkeit vom Adel wird nicht gezeigt. Im Unterricht muß darauf geachtet werden, daß die sozialen Unterschiede und ihre Folgen aufgezeigt werden. Der soziale Gegensatz und die soziale Struktur im Hochmittelalter können anhand einiger Seiten aus „Prinz Eisenherz" und einer Quelle, die das Leben der hörigen Bauern wiedergibt, sehr gut herausgearbeitet werden.

5.2. Stellungnahme zum durchgeführten Unterricht

Trotz aller Mängel des durchgeführten Unterrichts meine ich jedoch, daß er gezeigt hat, daß es berechtigt ist, Comics unterrichtlich zu erörtern. Durch Comics lassen sich gerade Hauptschüler zur Aktivität motivieren, denn Comics gehören zu ihrem Alltag. Da die Erfahrungen mit Comics im Unterricht noch sehr begrenzt sind, entstehen Mängel und Fehler, die eines Tages, wenn es eine Didaktik und eine Methodik des Comics gibt, nicht mehr vorhanden sein werden. Einige Grundsätze der unterrichtlichen Behandlung von Comics lassen sich schon anhand dieser Unterrichtsreihe festlegen.
Ein Problem besonderer Art ist die Beschaffung von Comics, die sich für den Unterricht eignen. Um dies möglich gering zu halten, sollten die Lesebücher Comics enthalten, womit einige Verlage neuerdings angefangen haben. Das Lesebuch der Zukunft sollte Literatur der verschiedensten Ebenen anbieten, denn es ist, wie ich schon erwähnt habe, nicht einzusehen, warum das Lesebuch nur Literatur einer Minderheit enthalten soll. Es reicht allerdings nicht, sich mit der Literatur im Lesebuch zu begnügen, denn Ziel eines Unterrichts mit Comics müßte sein, die bunten Hefte auf die Schultische zu bringen, so daß die Kinder sehen, die Schule befaßt sich auch mit der Literatur, die sie kennen. Hier könn-

ten auch die Comic-Verlage, die sehr gern die Güte ihrer Produkte anpreisen, angesprochen werden.
Wie die Versuche gezeigt haben, eignen sich Comics besonders für den Literatur-Unterricht. Es gibt jedoch Bereiche anderer Fächer, wo sie ebenfalls nutzbringend eingesetzt werden könnten. Auch Comics wie „Tim und Struppi" und „Manos Kelly" können mit Erfolg eingesetzt werden. Wenn Comic-Zeichner wie Harold R. Foster oder Hergé ein genaues Quellenstudium vor der Erstellung eines Comics betreiben, sind die Comics für bestimmte Altersstufen durchaus imstande, gewisse Geschichtsvorgänge besser darzustellen als andere Medien. Selbstverständlich muß jeder Comic, der eingesetzt wird, genau untersucht werden, damit Verfälschungen vermieden werden. Ebenso muß der Lehrer darauf hinweisen, daß die „Geschichte" des Comics erfunden ist, daß die Situationsbeschreibung aber trotzdem stimmt. Hier taucht die Frage auf, ob nicht vor allem im fünften und sechsten Schuljahr einige Teile des Geschichtsbuches besser in Comic-Form wiedergegeben werden könnten. Auch Comics, die eindeutig geschichtsverzerrend sind, wie z.B. „Sigurd"[411] oder „Falk"[412], könnten bei einer kritischen Auseinandersetzung zur Stärkung des Geschichtsbewußtseins führen.
Im politischen Unterricht scheinen mir die Comics noch angebrachter als im Geschichtsunterricht. Hier lassen sich die Verhaltensweisen der Figuren kritisch analysieren. Aus der Analyse der Comics könnten dann Normen für den demokratischen Umgang der Kinder miteinander erarbeitet werden. Ich könnte mir aber noch eine Reihe anderer Bereiche vorstellen, die den Einbezug der Comics in den Unterricht erlauben.
„Gehören Comics in den Unterricht?" An dieser Stelle möchte ich eindeutig mit „ja" antworten, *„Comics gehören in den Unterricht!"* Die Versuche zeigen, daß sich Lernziele, die von einem jeden Unterricht verlangt werden können, ebenso gut durch die Einbeziehung der Comics in den Unterricht erreicht werden können. Um allen Kindern Chancengleichheit im Bereich der Bildung zu geben, müssen die Comics u.a. Eingang in die Schule finden. Sie darf sich nicht dem Alltag der Kinder verschließen, denn dadurch verliert sie den Kontakt zur Wirklichkeit. Es wird zwar von den Comic-Gegnern behauptet, Comic-Lesen würde zum „Analphabetismus" führen, mir scheint jedoch, daß gerade die Verdammung der Comics diese Folge haben könnte.

6. Zusammenfassende Wertung und Schlußüberlegung

Selbstverständlich kann eine solche Wertung nur eine subjektive sein. Bevor ich mit dieser Arbeit anfing, war meine Einstellung zu Comics eine andere, als sie heute ist. Damals hielt ich sie für ein Produkt, das zwar nicht verboten werden sollte, das aber eher schädlich als nützlich sei. Während meiner Kindheit hatte ich selbst unzählige Comics gelesen, aber durch den Literaturunterricht der Schule und durch die Einstellung der Schule zu den Comics verlor ich die Beziehung zu den früher so viel gelesenen Comics. Erst die Äußerungen von Kollegen, daß Comics verdummen, brachten mich dazu, diese Arbeit zu schreiben.
Eine solche Behauptung kann bei näherer Betrachtung nicht aufrechterhalten werden. Der überwiegende Teil der Schüler liest Comics. Daraus lassen sich keine Schlüsse über die Intelligenz des einzelnen Schülers gewinnen. Das Comic-Lesen ist in allen Schichten ungefähr gleich stark verbreitet.
Die Arbeit hat aber auch gezeigt, daß der herkömmliche Literaturunterricht an manchen Kindern vorbeigeht. Erste Aufgabe eines zeitgemäßen Literaturunterrichts müßte es sein, von den Stoffen auszugehen, die von den Kindern gelesen werden. Die Trivialliteratur spielt bei den Kindern, aber auch bei ihren Eltern eine sehr große Rolle. Um mögliche Gefahren für das Lesen abzuwenden, empfiehlt es sich noch mehr, die Trivialliteratur in den Unterricht einzubeziehen, denn eine Tabuisierung kann sich nur schädlich auswirken. Gerade die Auseinandersetzung mit den Kindern bekannten Stoffen bringt wichtige Elemente zur Schärfung der Kritikfähigkeit. Es ist schier unmöglich, von einem Kind zu erwarten, daß es sich kritisch mit Literatur auseinandersetzt, die ihm im Grunde unverständlich ist. Wenn dieser Schritt erfolgt ist, kann das Angebot an Literatur erweitert werden. Auf diese Weise machen die Kinder Bekanntschaft mit verschiedenen Ebenen des Lesens, ohne die Beziehung zum Ausgangspunkt zu verlieren. Ein Lesebuch für die Schule sollte, wenn es allen Kindern gerecht werden will, eine Menge unterschiedlicher Texte

enthalten, die auch dem Kind, das nur mit Trivialliteratur aufgewachsen ist, etwas zu sagen haben. Hier geht es in erster Linie nicht darum, einen anerkannten Literaturgeschmack für alle verbindlich zu machen, sondern die Literatur der unterschiedlichen Gattungen dient der Erweiterung der kommunikativen Kompetenz des Kindes.

Durch die Beschäftigung mit ihnen habe ich wieder Zugang zum Comic-Lesen gefunden. Wie in der Einleitung erwähnt üben einige Comics aus der Kindheit immer noch die gleiche Faszination aus wie damals. Dabei ist das Vergnügen, sie zu lesen, womöglich gestiegen, da ich sie heute bewußt lese und auf Merkmale achte, die früher nicht beachtet wurden. Trotz aller Skepsis meinerseits müssen einige Comics als Kunstwerke betrachtet werden, andere wiederum enthalten Aussagen zur Gegenwart. Ich finde die Bestrebungen vieler Comic-Liebhaber, unter den Comics neue Michelangelos usw. zu suchen lächerlich, denn sie verkennen, daß die Comics trotz Beeinflussung aus anderen Medien ein selbständiges Medium sind, das nicht mit diesen verglichen werden kann, da es eigene Merkmale entwickelt hat, und eine vernünftige Kritik sollte sich auch zuerst mit diesen beschäftigen, um dann anschließend die medialen Abhängigkeitsverhältnisse zu untersuchen.

Daß in den Comics auch „geistige Nahrung" zu holen ist, zeigen Comics wie „Little Nemo", „Krazy Kat", „Li'l Abner", „Peanuts" und „Pogo". Diese Reihe ließe sich noch erweitern. So sind einige Folgen von „Tarzan" von hoher künstlerischer Qualität, und auch „Popeye", „Tim und Struppi", „Prinz Eisenherz", „Grüner Pfeil", „Grüne Laterne" und die „Fantastischen Vier", ja sogar der viel verpönte „Superman" verdienen, daß man sie kritisch würdigt. Dies heißt nicht, daß man sie, ohne ihre medienspezifischen Merkmale zu berücksichtigen, diskriminiert. Auch Comics, die nur der Unterhaltung dienen, sollten nicht deswegen zerrissen werden. Aufgabe einer Comic-Kritik müßte es vor allem sein, daß Rassismus und Diskriminierung von Minderheiten aus den Comics gebannt werden. Das Problem der Sexualität in den Comics scheint mir zweitrangig und spielt nicht die Rolle, wie Kritiker oft behaupten. Es ist überhaupt die Frage, ob z. B. der pornographische Comic in den Erwachsenen-Comics nicht eine Funktion erfüllen könnte, die mit der der „normalen" Comics im Verhältnis zu den Kindern verglichen werden könnte, so daß durch Identifizierung Befriedigung erfolgt. Dieses Problem hier ausführlich erörtern zu wollen, würde zu weit führen.

Das Studium von Comics wird noch nicht ernsthaft betrieben, da die

Verfechter der Comics noch zu sehr vom Pioniergeist beseelt sind. Dies ist durchaus verständlich, wenn man in Betracht zieht, welche Anfeindungen sie über sich haben ergehen lassen müssen. Die Reaktion der „Gebildeten" ist negativ, eine Reaktion, die übrigens von den „weniger" Gebildeten übernommen wird. So entstehen Vorurteile, die keiner genauen Analyse standhalten. Unwissenheit ist die Grundlage für Vorurteile; viele können nicht auf Anhieb Comics lesen, da dies eine Kulturtechnik ist, die wie jede Kulturtechnik wie z.B. das Gedichte-Lesen Übung erfordert. Beim Studium der Comics muß man sich davor hüten, wie H. C. Artmann schreibt, zu „klugscheißen"[413]. Aufgabe der Comic-„Wissenschaftler" müßte es vor allem sein, die Öffentlichkeit auf die Verkennung der Comics hinzuweisen. Die Anzahl der Comic-Klassiker, die während des letzten Jahres erschienen sind, ist nach deutschen Verhältnissen recht erheblich. Dabei verdienen die Ausgaben des Melzer-Verlages die größte Aufmerksamkeit. Hat doch dieser Verlag Ende 1972 eine Gesamtausgabe von „Little Nemo" herausgebracht[414]. Ein genaues Studium dieses Comics ist durchaus lohnend. „Little Nemo" ist aber keine leichte Lektüre. Um den Comic zu verstehen, werden genaue Beobachtungen und echte Auseinandersetzung von dem Leser verlangt. Im gleichen Verlag ist auch ein „Popeye"-Buch erschienen, das die alltäglichen Strips von März 1936 bis März 1937 wiedergibt[415]. Die gegenwärtigen „Popeye"-Comics heben sich nicht aus dem Durchschnitt der Comics hervor. Dies war jedoch anders, als „Popeye" von dem inzwischen verstorbenen E. C. Segar gezeichnet wurde. Die Abenteuer des spinatessenden Seemanns waren damals voll von grotesken Einfällen und zeichneten sich durch tiefgründigen Humor aus, der einige Seiten des menschlichen Lebens aufzeigt. Interessant ist auch die zweite Folge des „Großen Tarzan-Buches" aus dem Bildschriften-Verlag[416], das neben einigen Zeichnungen des ersten Tarzan-Zeichners Harold R. Foster auf 96 Seiten einige Abenteuer von Burne Hogarth in der Originalaufmachung zeigt. Diese drei Bücher mögen für die vielen Veröffentlichungen stehen, die auch in Deutschland ein Studium von Comics ermöglichen.

Abschließend soll noch bemerkt werden, daß ich überzeugt bin, daß Comics in Zukunft als eigenständige Literaturgattung anerkannt werden. Sie werden in vielen Bereichen des öffentlichen Lebens eine Aufgabe zu erfüllen haben wie z.B. in der Werbung. Es werden kommerzielle Comics existieren, aber auch solche, die die Tendenzen des Underground-Comics übernehmen. Auch die Schule wird sich auf Dauer dem Einfluß der Comics nicht verschließen können, denn dies würde der Entfremdung der Kinder vom Literaturunterricht Einhalt gebieten. Am wichtigsten ist es jedoch, die Comics in den Unterricht aufzunehmen, um die Kritikfähigkeit der Schüler zu fördern, außerdem würden Comics neben anderen Literaturformen mehr Chancengleichhheit für alle Schichten der Bevölkerung bedeuten.

7. Anmerkungen

1 Mort Walker: Vorwort. In: Jörgen Sonnegaard und Werner Wejp-Olsen (Hrsg.): Comics 1. Verdens bedste tegneserier. Kopenhagen 1970, S. 2.
2 Alfred Clemens Baumgärtner: Die Welt der Comics. Bochum 1965, S. 6–7.
3 Axel Brück: Vorwort. In: Comics 1. Weltbekannte Zeichenserien. Reinbek 1971, S. 2.
4 Günter Metken: Comics. Frankfurt a. M. und Hamburg 1970. Wolfgang Kempkes: Bibliographie der internationalen Literatur über „Comics". München-Pullach 1970.
5 Günter Metken: Comics. a.a.O., S. 7.
6 Zit nach Ulrich Pohl: Von Max und Moritz bis Fix und Foxi. Wiesbaden 1970, S. 10.
Das Buch wurde vom Kauka-Verlag zur Verfügung gestellt.
7 Ebd. S. 10.
8 Vergleiche hierzu Günter Metken: Comics. a.a.O., S. 7–22.
Ulrich Pohl: Von Max und Moritz bis Fix und Foxi. a.a.O., S. 9–13.
Georg Perry und Alan Aldridge: The Penguin Book of Comics. Harmondsworth, Middlesex 1971 (Revised Edition). S. 11–43.
9 A. C. Baumgärtner: Die Welt der Comics. a.a.O., S. 14.
10 Comic Books, Information Service. New York 1971, S. 2.
11 Ulrich Pohl: Von Max und Moritz . . . a.a.O., S. 16.
12 Baumgärtner: Die Welt . . . a.a.O., S. 14.
13 Karl Riha: Zok, roarr, wumm. Zur Geschichte der Comics-Literatur. Steinbach/Gießen 1970, S. 8.
14 Ebd.: S. 8.
15 Sture Hegerfors: Svisch! Pow! Sock!. Seriernas fantastiska värld. (Die phantastische Welt der Comics). Lund 1966, S. 2–4.
16 Albert Andresen: Charles Dickens's Levned (Das Leben des Charles Dickens). Kopenhagen 1889, S. 26–27.
17 Schwedisch: Svenska Serieakademin.
18 Sture Hegerfors: Svisch! Pow! Sock!. a.a.O., S. 4.
19 Zit. nach Comic Books. a.a.O., S. 1.
20 Baumgärtner: Die Welt . . . a.a.O., S. 12–13.
21 Sture Hegerfors: Serier och serietecknare (Comics und Comic-Zeichner). Stockholm 1969, S. 8–10.

22 Siehe dazu Björn Rasmussen: Filmens Hvem Hvad Hvor, Bind 5, Verdens bedste film (Wer Was Wo des Films, Band 5, Die besten Filme der Welt) Kopenhagen 1970, S. 98–100.
23 Zit. nach Good Grief: In: Time Atlantic, April 9, New York 1965, S. 44.
24 Sture Hegerfors: Serier och Serietecknare. a.a.O., S. 10.
25 Zit. nach Wolfgang J. Fuchs und Reinhold C. Reitberger: Comics, Anatomie eines Massenmediums. München 1971, S. 29.
26 Riha, a.a.O., S. 17.
27 Ebd.: S. 17.
28 George Perry und Alan Aldridge: The Penguin Book of Comics. a.a.O., S. 96.
29 Ebd.: S. 96, 97, 117 und 120.
30 Riha, a.a.O., S. 7.
31 Metken, a.a.O., S. 40.
32 Hegerfors: Svisch! . . ., a.a.O., S. 8.
33 Wolfgang J. Fuchs und Reinhold C. Reitberger: Comics, Anatomie eines Massenmediums, a.a.O., S. 38.
34 Hegerfors: Svisch! . . ., a.a.O., S. 12.
35 Comics 1, Weltbekannte Zeichenserien, a.a.O., S. 145.
36 Zit nach Fuchs und Reitberger: a.a.O., S. 38.
37 Zit. nach Perry und Aldridge: a.a.O., S. 106.
38 Ebd.: S. 106.
Fuchs und Reitberger: a.a.O., S. 48.
39 Ebd.: S. 48.
Perry und Aldridge: a.a.O., S. 106.
40 Riha, a.a.O., S. 9.
41 Hegerfors: Svisch! a.a.O., S. 8–9.
42 Fuchs und Reitberger: a.a.O., S. 47.
43 Animated Cartoons, Information Service, New York 1971, S. 1.
44 Metken: a.a.O., S. 38.
45 Vgl. dazu Lewis Carroll: Alice's Adventures in Wonderland and Through the Looking Glass. Harmondsworth. Middlesex 1962.
46 Metken: a.a.O., S. 38
Siehe dazu die Illustrationen. In: Ebd., S. 34, 35 und 37. In: Perry und Aldridge. a.a.O., S. 121. In: Riha, a.a.O., S. 50 und 51. In: Fuchs und Reitberger, a.a.O., S. 28.
47 Profound Mouse. In: Time Capsule 1933, New York 1967, S. 185–186. Animated Cartoons, a.a.O., S. 1–2.
48 Fuchs und Reitberger: a.a.O., S. 44.
49 Bettina Hürlimann: Europäische Kinderbücher in drei Jahrhunderten. Zürich und Freiburg im Breisgau 1959, S. 123.
50 Hegerfors: Serier och . . ., a.a.O., S. 157
51 Thompson on „Fantasia“. In: Time Capsule/1940, New York 1968, S. 176–177.
52 Björn Rasmussen: Filmens Hvem Hvad Hvor, a.a.O., S. 152–154.

53 Hegerfors: Serier och . . ., a.a.O., S. 159.
54 Zit. nach „Hang zur Brutalität". In: Der Spiegel, Nr. 33, 22. Jahrgang, Hamburg 1968, S. 92.
55 Hegerfors: Serier och . . ., a.a.O., S. 159.
56 G. Ulf: Seriös svensk serieinteresse (Seriöses schwedisches Comic-Interesse). In: Vestkysten, 4. Juni, Esbjerg 1971, S. 14.
57 Vgl. dazu Jünger Maos: In: Der Spiegel, Nr. 43, 23. Jahrgang, Hamburg 1969, S. 65–67.
Grobian Gans: Die Ducks. Psychogramm einer Sippe. Reinbek 1972.
58 Zit. nach Bettina Hürlimann: Europäische Kinderbüccher . . ., a.a.O., S. 124.
59 Metken: a.a.O., S. 75.
60 Riha, a.a.O., S. 24.
61 Fuchs und Reitberger: a.a.O., S. 53.
62 Zit. nach ebd.: S. 170.
63 Hegerfors: Svisch! a.a.O., S. 27.
64 Comics 2, Verdens bedste tegneserier (Weltbekannte Zeichenserien), Kopenhagen 1971, S. 58–62.
65 Riha, a.a.O., S. 24.
66 Marshall McLuhan: Die magischen Kanäle. Understanding Media. Hamburg und Frankfurt a. M. 1970, S. 164.
67 Ebd.: S. 164.
68 Vgl. hierzu Hegerfors: Svisch! . . ., a.a.O., S. 27.
Comics 2, Verdens bedste . . ., a.a.O., S. 59.
69 Fuchs und Reitberger: a.a.O., S. 49.
70 Ebd.: S. 51.
71 Metken: a.a.O., S. 87.
72 Extinction of the Longhorn. In: Time Atlantic, No. 13, March 29, Vol. 91, New York 1968, S. 35.
73 Eine Hyäne mit dem Kopf Spiro Agnews. In: Der Spiegel, Nr. 33, 24. Jahrgang, Hamburg 1970, S. 18.
74 Fuchs und Reitberger: a.a.O., S. 49.
75 Comics 2, Verdens bedste . . ., a.a.O., S. 120.
76 Sven Lidman, bildning i bildaaldern (Bildung im Bildzeitalter), Lund 1966, S. 61.
77 Good Grief. In: Time Atlantic, a.a.O., S. 44.
78 Fuchs und Reitberger, a.a.O., S. 57.
79 Riha, a.a.O., S. 33.
80 Hegerfors: Svisch! a.a.O., S. 30–31.
81 Fuchs und Reitberger: a.a.O., S. 54.
82 Poul Henning Fromsejer: Radiserne (Peanuts). In: Vestkysten, 29. Dezember, Esbjerg 1970, S. 6–7.
83 Pastor Fromsejer benutzt das in diesem Zusammenhang etwas befremdende Wort „befri", befreien.
84 Zit. nach ebd.: S. 6–7.

85 Zit. nach Good Grief. In: Time Atlantic, a.a.O., S. 43.
86 Zit. nach ebd.: S. 43.
87 Vgl. dazu Charles M. Schulz: We're On Your Side, Charlie Brown, London 1969.
Charles M. Schulz: Fun With Peanuts, London 1969.
Charles M. Schulz: You've Done It Again, Charlie Brown, London 1971.
88 Deutsch: „Hokuspokus".
89 Comics 1, Weltbekannte Zeichenserien, a.a.O., S. 11–17.
90 Deutsch: „Homo Sapiens".
91 Comics 2, Verdens bedste . . ., a.a.O., S. 2–5.
Johnny Hart: Hey! B. C., London 1971.
92 Deutsch: „Protest im Kindergarten".
93 Comics 1, Weltbekannte . . ., a.a.O., S. 49–55.
94 Deutsch: „Balduin".
95 Ebd.: S. 56–62.
96 Comics 2, Verdens . . ., a.a.O., S. 6–9.
97 Deutsch: „Comic-Mix".
98 Comics 1, Weltbekannte . . ., a.a.O., S. 120–122.
99 Deutsch: „Rauchende Colts und Rote Nasen".
100 Ebd.: S. 157–160.
Tom K. Ryan: Tumbleweeds, Greenwich, Conn. 1971.
101 Comics 2, Verdens . . ., a.a.O., S. 34–37.
102 Good Grief. In: Time Atlantic, a.a.O., S. 42.
103 Baumgärtner: Welt der . . ., a.a.O., S. 61.
Fuchs und Reitberger: a.a.O., S. 61.
104 Baumgärtner: Welt der . . ., a.a.O.
105 Hegerfors: Svisch! . . ., a.a.O., S. 14.
106 Hegerfors: Serier . . ., a.a.O., S. 52.
Vgl. hierzu Tarzan: Comic-Großalbum Nr. 12 und 13. Aachen 1972. Beide Alben beinhalten von Hogarth gezeichnete Abenteuer.
107 Fuchs und Reitberger: a.a.O., S. 62–63.
108 Ebd.: S. 63–64. Hegerfors: Svisch! . . ., a.a.O., S. 15. In „Das große Tarzan-Buch", Aachen 1971, schreibt Wolfgang J. Fuchs, daß Hogarth den Strip 1948 niederlegte, weil er am Gewinn nicht beteiligt wurde.
109 Hegerfors: Serier . . ., a.a.O., S. 65. Vgl. dazu: „Das große Tarzan-Buch", das Tarzan Comic-Großalbum, Nr. 11, Aachen 1971 und die Tarzan-Taschenbücher Nr. 1 und 2, Aachen 1971. In allen sind Serien von Russ Manning zu sehen.
110 Zit. nach Fuchs und Reitberger: a.a.O., S. 65.
111 Zit. nach ebd.: S. 65.
112 Comics 1, Weltbekannte . . ., a.a.O., S. 127–144.
Hegerfors: Svisch! . . ., a.a.O., S. 17–18.
113 Too Harsh in Putting Down Evil. In: Time Atlantic, Vol. 91, No. 26, New York 1968, S. 53.
114 Ebd.: S. 53.

115 Zit. nach ebd.: S. 53.
Vgl. dazu Comics 1, Weltbekannte . . ., a.a.O., S. 143–144.
116 Fuchs und Reitberger: a.a.O., S. 183.
117 Metken: a.a.O., S. 53–54.
118 Fuchs und Reitberger: a.a.O., S. 87.
119 Ebd.: S. 164–165.
120 Metken: a.a.O., S. 54–56.
Vgl. dazu: Blitz Gordon, Nr. 1, Aachen, o. J.
Blitz Gordon, Nr. 4, Aachen 1968.
Blitz Gordon, Nr. 5, Aachen 1968.
Diese Reihe, von Al Williamson gezeichnet, konnte sich nicht durchsetzen.
121 Fuchs und Reitberger: a.a.O., S. 87.
122 Hegerfors: Svisch! . . ., a.a.O., S. 20–21.
Vgl. dazu: Comics 1, Weltbekannte . . ., a.a.O., S. 18–36.
Comics 2, Verdens . . ., a.a.O., S. 18–33.
123 Zit. nach Hegerfors: Serier . . ., a.a.O., S. 60.
124 Comics 1, Weltbekannte . . ., a.a.O., S. 93.
Comics 2, Verdens . . ., a.a.O., S. 81.
125 Siehe dazu: Gescinny und Uderzos „Umpah-Pah". In: Zack, Nr. 17. Hamburg 1972, S. 29–34, oder, Elliot S. Maggin, Dick Dillen, Joe Giella und Julie Schwartz: Superman and Green Arrow. In: World's Finest Comics, No. 210, New York 1972, S. 1–24, oder, Stan Lee und Jack Kirby, „Die Fantastischen Vier", in, Hit Comics, Nr. 231, Aachen 1971, S. 1–19.
126 In Deutschland auch als Mandra bekannt.
127 Hegerfors, Svisch! . . ., a.a.O., S. 63.
128 Fuchs und Reitberger, a.a.O., S. 66.
Siehe dazu, Phantom, Der wandelnde Geist. In: Super-Sonderheft Nr. 8, München 1972.
129 Fantomet Annual, Kopenhagen o. J.
130 Ebd., S. 6–7.
131 Zit. nach, Hegerfors, Serier . . ., a.a.O., S. 64.
132 Phantom unter Palmen. In: Der Spiegel, No. 10, 19. Jahrgang, Hamburg 1965, S. 112.
Lee Falks „Mandra" und „Phantom" wurden vor einigen Jahren beim Bildschriften-Verlag in Aachen verlegt. Vergleiche dazu: Mandra, Der Zauberer, Nr. 1–6, Aachen 1967 und 1968. Das Phantom, Nr. 9, 10, 17, 19, 22 und 26, Aachen 1967 und 1968 (Die Nummern 9, 10, 17, 19 und 22 sind von Wilson McCoy gezeichnet, die Nummer 26 von Sy Barry.)
133 Panel I, (Hrsg. Wolfgang J. Fuchs und Reinhold Reitberger), Comics Literatur Film Fernsehen, München 1972, S. 75.
134 Hegerfors: Svisch! . . ., a.a.O., S. 29.
135 Comics 2, Verdens . . ., a.a.O., S. 124–144.
136 Metken: a.a.O., S. 59.

137 Harold Foster: Prinz Eisenherz, Band 1, Wien o. J.
Harold Foster: Prinz Eisenherz, Band 2, Wien o. J.
Harold Foster: Prinz Eisenherz, Band 3, Wien o. J.
138 Harold Foster: Prinz Eisenherz, Band 4, Wien o. J.
Harold Foster: Prinz Eisenherz, Band 17, Düsseldorf 1966.
Harold Foster: Prinz Eisenherz. In: primo Comic, Nr. 4–9, Grünwald 1972.
139 Zit. nach Riha: a.a.O., S. 24–25.
140 Fuchs und Reitberger: a.a.O., S. 102.
141 Zit. nach ebd.: S. 101.
142 Hegerfors: Serier . . ., a.a.O., S. 65.
143 Fuchs und Reitberger: a.a.O., S. 104.
144 Superman: Nr. 2, Stuttgart 1966, S. 1–9.
145 Ebd.: S. 12–21.
Superman: Nr. 4, Stuttgart 1966, S. 10–27.
146 Superman und Batman: Nr. 5, Stuttgart 1972, S. 20–27.
Superman: No. 251, New York 1972, ohne Seitenangabe.
147 Superman und Batman: Nr. 15, Stuttgart 1967, S. 2–10.
148 Superman: Nr. 4, Stuttgart 1966, S. 24–31.
149 World's Finest Comics: No. 210, New York 1972, S. 1–24.
150 Superman und Batman: Nr. 19, Stuttgart 1971, S. 2–15.
151 Zit. nach Gerald Clarke: The Comics On The Couch. In: Time Atlantic, Vol. 98, No. 24, New York 1971, S. 48.
152 Fuchs und Reitberger: a.a.O., S. 105.
153 Superman und Batman: Nr. 17, Stuttgart 1971, S. 2–15.
154 Superman und Batman: Nr. 18, Stuttgart 1968, S. 18–30.
155 Superman und Batman: Nr. 17, Stuttgart 1968, S. 2–26.
156 Superman und Batman: Nr. 10, Stuttgart 1972, S. 3–17.
157 A sudden superbatmad looniness. In: Life International, No. 10, Vol. 40, New York 1966, S. 60–65.
158 Zit nach Panel I (Hrsg. Wolfgang J. Fuchs und Reinhold Reitberger): Kurzinterview mit Stan Lee, München 1972, S. 53.
159 Hegerfors: Serier . . ., a.a.O., S. 76.
160 Panel I: a.a.O., S. 53.
161 Perry und Aldridge: a.a.O., S. 171.
162 Hegerfors: Serier . . ., a.a.O., S. 77 und 86.
Fuchs und Reitberger: a.a.O., S. 108.
163 Riha: a.a.O., S. 28–29.
Bengt Dahlqvist: Steranko. In: thud 13, a.a.O., S. 9.
164 Bengt Dahlqvist: Jack Kirby. In: ebd., S. 10.
Vgl. dazu Hit Comics: Nr. 205, Der mächtige Thor, Aachen 1971.
165 Hegerfors: Serier . . ., a.a.O., S. 84.
Hit Comics, Nr. 205, Der mächtige Thor, a.a.O.
166 Hegerfors: Serier . . ., a.a.O., S. 79.
Hit Comics, Nr. 231, Die Fantastischen Vier, a.a.O.

167 Fuchs und Reitberger: a.a.O., S. 108.
168 Hit Comics, Nr. 231, Nr. 233, Nr. 234, Die Spinne, Aachen 1972. Hegerfors: Serier . . ., a.a.O., S. 77–78.
169 Zit. nach ebd.: S. 77.
170 Comics 1, Weltbekannte . . ., a.a.O., S. 81–86. Comics 2, Verdens . . ., a.a.O., S. 116–119.
171 Mumin: Die Abenteuer einer liebenswerten Tierfamilie. In: Super-Sonderheft Nr. 6, München 1972. Vgl. hierzu Sture Hegerfors: mumin wa suki. In: thud 13, a.a.O., S. 11.
172 Siehe dazu Zack: Nr. 17–23, Berlin und Hamburg 1972. Diese Hefte enthalten Episoden der genannten Comics.
173 Sture Hegerfors: Adamson 71. In: thud 15, Stockholm 1972, S. 2.
174 Siehe dazu Eltern: Extrazeitung für Kinder, Nr. 6–12, Hamburg 1971.
175 Tintin dör med mig (Tintin stirbt mit mir). In: Billed Bladet, Nr. 26, Kopenhagen 1971, S. 17.
176 Ebd., S. 17.
177 Zit. nach Hegerfors: Serier . . ., a.a.O., S. 138–139.
178 Hergé: Tim und Struppi, Der Geheimnisvolle Stern, Reinbek 1972.
179 Hergé: Tim und Struppi, Die Krabbe mit den goldenen Scheren, Reinbek 1967.
180 Ebd.: S. 37–38.
181 Tintin dör med mig. In: Billed Bladet, a.a.O., S. 17.
182 Vgl. dazu Sture Hegerfors: Adamson 71. In: thud 15, a.a.O., S. 2.
183 Zit. nach Susanne Materleiter: Tausende von kleinen Tims starten aus Brüssel ins Kino. In: NRZ, vom 13. 12., Essen 1971, ohne Seitenangabe.
184 Siehe dazu Hergé: Tim und Struppi: Die schwarze Insel. Reinbek 1969². König Ottokars Zepter, Reinbek 1967; Die Krabbe mit den Goldenen Scheren, Reinbek 1967; Der Geheimnisvolle Stern, Reinbek 1972; Das Geheimnis der „Einhorn“, Reinbek 1971; Der Schatz Rackhams des Roten, Reinbek 1971; Die Sieben Kristallkugeln, Reinbek 1970; Der Sonnentempel, Reinbek 1971²; Im Reiche des Schwarzen Goldes, Reinbek 1967; Reiseziel Mond, Reinbek 1967; Schritte auf dem Mond, Reinbek 1967; Der Fall Bienlein, Reinbek 1962²; Kohle an Bord, Reinbek 1970; Tim in Tibet, Reinbek 1967; Die Juwelen der Sängerin, Reinbek 1970; Flug 714 nach Sydney, Reinbek 1969.
185 Gnom von Gallien. In: Der Spiegel, Nr. 47, 20. Jahrgang, Hamburg 1966, S. 154.
186 Ulrich Runkel: Am liebsten macht Obelix jeden Tag einige Römer fertig. In: NRZ, vom 15. 5., Essen 1971, ohne Seitenangabe.
187 Siehe dazu MV Comix, Nr. 20 und 26, Stuttgart 1971.
188 Siehe dazu Fix und Foxi Extra, Nr. 8, Lucky Luke, Grünwald 1970.
189 Siehe dazu Zack, Nr. 19–23, Hamburg 1972
190 Siehe dazu Zack, Nr. 17–20, Hamburg 1972.
191 Goscinny und Uderzo: Asterix der Gallier, Band I, Stuttgart 1968.
192 Gnom von Gallien. In: Der Spiegel, a.a.O., S. 154.

193 Vgl. dazu Goscinny und Uderzo: Asterix: Asterix der Gallier, Band I, Stuttgart 1968; Asterix und Kleopatra, Band II, Stuttgart 1968; Asterix als Gladiator, Band III, Stuttgart 1969; Der Kampf der Häuptlinge, Band IV, Stuttgart 1969; Die goldene Sichel, Band V, Stuttgart 1970; Tour de France, Band VI, Stuttgart 1970; Asterix und die Goten, Band VII, Stuttgart 1970; Asterix bei den Briten, Band VIII, Stuttgart 1971, Asterix und die Normannen, Band IX, Stuttgart 1971; Asterix als Legionär, Band X, Stuttgart 1971; Asterix und der Arvernerschild, Band XI, Stuttgart 1972; Asterix bei den Olympischen Spielen, Band XII, Stuttgart 1972.

194 Ulrich Pohl: a.a.O., S. 18–20.

195 Magnus Knutsson: Begreppet serier (Der Begriff Comics). In: thud 15, a.a.O., S. 5.

196 Vgl. dazu Liller Kriegsbilderbogen: Nummer 21, Lille, den 16. Februar 1916. In: Liller Kriegszeitung. Eine Auslese aus Nummer 1–40 (Hrsg. Hauptmann d. L. Hoecker und Rittmeister a. d. Frh. von Ompteda), Berlin, Leipzig und Wien o. J., Zwischen S. 48 und 49 eingeklebt
Hegerfors, Svisch! . . ., a.a.O., S. 65.

197 Manfred Schmidt: Nick Knatterton, Oldenburg und Hamburg 1971[2] im Vorwort.

198 Sigurd: Nr. 5, Hannover o. J.

199 Tibor: Nr. 4 und 5, Hannover o. J.

200 Ulf: Nr. 2, Berlin o. J.

201 Nizar: Nr. 3, ohne Angaben.

202 Fuchs und Reitberger: a.a.O., S. 177.

203 Zit. nach Gaby Schoop: Zu Gast bei Comic-Kauka. In: NRZ vom 20.2., Essen 1972, ohne Seitenangabe.

204 Pohl: a.a.O., S. 36–40.

205 Ebd.: S. 46–48.

206 Gaby Schoop: Zu Gast bei . . ., a.a.O., ohne Seitenangabe.

207 Otto Köhler: Mächtig Stark. In: Der Spiegel, Nr. 38, 23. Jahrgang, Hamburg 1969, S. 214.

208 Ebd.: S. 214.

209 Rolf Kauka Verlag. In: Panel I, a.a.O., S. 45.

210 Siehe dazu Felix Extra: Sonderband Nr. 3, Bergisch Gladbach, o. J.
Felix, Nr. 617, Bergisch Gladbach, o. J.
Felix, Nr. 675, Bergisch Gladbach, o. J.

211 Siehe dazu Turok: Sohn der Steinzeit, Nr. 11, Aachen 1968.
Turok: Sohn der Steinzeit, Nr. 17, Aachen 1970.
Rauchende Colts, Nr. 12, Aachen 1970.
Rauchende Colts, Nr. 15, Aachen 1970.

212 Alberto Giolitti. In: Panel I, a.a.O., S. 8.
Silberpfeil, Nr. 30 und 45, Bergisch Gladbach o. J.
Lasso, Nr. 84, Bergisch Gladbach 1968 und Lasso, Nr. 199, Bergisch Gladbach 1970.

Buffalo Bill, Nr. 198 und 200, Bergisch Gladbach 1970.
213 Perry, Nr. 51 und 59, München o. J.
214 Perry Rhodan im Bild, Nr. 2 und 5, München 1967.
Perry, Nr. 1–3, München 1968.
215 Vgl. dazu: K. H. Scheer und Clark Darltan, Perry Rhodan, der Erbe des Universums, Nr. 179, München 1969.
216 McLuhan, a.a.O., S. 166.
217 Zit. nach Perry und Aldridge: a.a.O., S. 17.
218 McLuhan: a.a.O., S. 163–168.
219 L. Hell: Comics. In: Jugendschriften-Warte, 24. Jahrgang, Nr. 5, Frankfurt a.M. 1972, S. 19.
220 Ebd. S. 19.
221 Zit nach ebd.: S. 19.
222 Lidman: bildning ..., a.a.O., S. 30.
223 Ebd.: S. 59.
224 Ebd.: S. 68.
225 Zit. nach Riha: a.a.O., S. 5.
226 Albert Andresen: Charles Dickens's Levned, a.a.O., S. 26–34.
227 Zit. nach Mythos von Mickey. In: Der Spiegel, Nr. 51, 21. Jahrgang, Hamburg 1967, S. 161.
228 Ebd.: S. 161.
229 Siehe dazu Riha: a.a.O., S. 31–32.
230 Zit nach Charlotte Christensen: Pop-Kunst. In: Oplysningsforbundenes kunsttillaeg (Kunstanhang der Aufklärungsverbände), Nr. 48, Kopenhagen, o. J., S. 4.
231 „Die Kunst vom Montag ist am Dienstag vergessen". In: Der Spiegel, Nr. 47, 21. Jahrgang, Hamburg 1967, S. 202 und 204.
232 Fuchs und Reitberger: a.a.O., S. 223.
233 Ebd.: S. 223.
234 Ebd.: S. 224.
235 Panel I: a.a.O., S. 53.
Vgl. dazu Fuchs und Reitberger: a.a.O., S. 223.
236 Per Kirkeby: Tegneserier (Comics). In: Oplynsningsforbundenes kunsttillaeg (Kunstanhang der Aufklärungsverbände), Nr. 52, Kopenhagen, o. J., S. 2–3.
237 Fuchs und Reitberger: a.a.O., S. 226.
238 Panel I: a.a.O., S. 82.
239 Zit. nach Hegerfors: Svisch! ..., a.a.O., S. 105.
240 Zit. nach ebd.: S. 105.
241 Fellini und die Comics. In: Film, Nr. 2, 4. Jahrgang, Velber bei Hannover 1966, S. 24.
242 Ebd.: S. 26.
243 Familie Feuerstein, Nr. 30, Hamburg o. J.
Familie Feuerstein und Kumpane, Frankfurt a. M., o. J.
244 Die Jetsons, Nr. 1, Hamburg 1971.

245 Porky, Nr. 1, Hamburg 1972.
246 Bugs Bunny, Nr. 1, Hamburg 1972.
247 Vgl. dazu Magnus Knutsson: Begreppet serier, a.a.O., S. 3–5.
248 Zit. nach Baumgärtner, Welt ..., a.a.O., S. 92.
249 Dick Lupoff und Don Thompson: All in Color for a Dime, New York 1970, S. 10.
250 Alex Raymond: Flash Gordon, München 1972.
251 Baumgärtner: Die Welt ..., a.a.O., S. 21.
252 Ebd., S. 21.
253 Baumgärtner behandelt in seinem Buch fast ausschließlich Comics, die zu den schlechtesten gehören und die längst nicht mehr erscheinen.
254 Baumgärtner, Die Welt ..., a.a.O., S. 37.
255 Ebd., S. 40–45.
256 Zit. nach ebd., S. 44.
257 Tibor, Nr. 4 und 5, Hannover o. J.
Sigurd, Nr. 5, Hannover o. J.
Beide Hefte sind vor einigen Jahren eingegangen.
258 Green Lantern and Green Arrow, SOS-Green Lantern, New York 1972, S. 9–14.
259 Grüne Laterne und Grüner Pfeil, Top Comics, Nr. 117, Aachen 1972, S. 6 und 7.
260 Green Lantern and Green Arrow. In: The Flash, Nr. 218, New York 1972.
261 Prinz Eisenherz. In: primo Comic, Nr. 15, Grünwald 1971, S. 22–23.
262 Baumgärtner: Die Welt ..., a.a.O., S. 47.
263 Zit. nach Pohl: a.a.O., S. 19.
264 Siehe dazu Blondie. In: Comics 1, Weltbekannte ..., a.a.O., S. 145–150.
265 Siehe dazu Homo Sapiens. In: Comics 2, Weltbekannte Zeichenserien, Reinbek 1972, S. 5.
266 Siehe dazu Willi Wacker. In: Comics 1, Weltbekannte ..., a.a.O., S. 37 u. 38.
Reg. Smythe, Andy Capp, Nr. 23, London 1969.
Reg. Smythe, Andy Capp, Nr. 24, London 1970.
267 Baumgärtner: Die Welt ..., a.a.O., S. 49.
268 Ebd., S. 52.
269 Zit. nach ebd.: S. 57.
270 Nizar: Nr. 3, ohne Angaben.
271 Russ Manning: Tarzan, Sohn der Affen, Nr. 114, Aachen 1972.
272 Ebd., S. 8–10.
273 Russ Manning: Tarzan, Sohn der Affen, Nr. 115, Aachen 1972, S. 4–9.
274 Russ Manning: Tarzan, Sohn der Affen, Nr. 117, Aachen 1972.
275 Ebd., S. 29.
276 Detective Comics, No. 428, New York 1972.
277 Dr. Robert L. Thorndike, Comic Magazines as an Aid to Vocabulary Building, Juvenile Group Foundation 1942.

Ein Abzug des Artikels wurde von Comics Magazine Association of America zur Verfügung gestellt.

278 Riha, a.a.O., S. 29.

279 Johnny Hazard. In: Phantom, Nr. 10 und 17, Aachen 1967 und 1968.

280 Hegerfors, Serier ..., a.a.O., S. 180.

281 Superman und Batman, Nr. 19, Stuttgart 1971.

282 Magnus Knutsson: Tankar om comix (Gedanken über Comix). In: thud 12, Stockholm 1971.
Comix ist ein Ausdruck, der häufig von den Underground-Comics verwendet wird.

283 Jünger Maos. In: Der Spiegel, 23. Jahrgang, Nr. 43, Hamburg 1969, S. 65.

284 Göran Ribe: Samhällssynen i Kalle Anka (Die Gesellschaftsauffassung in Donald Duck). In: thud 15, Stockholm 1972, S. 19.

285 Ebd., S. 19.

286 Grobian Gans, Die Ducks, Psychogramm einer Sippe, Reinbek 1972, S. 21–37.

287 Ebd., S. 35–37.

288 Jünger Maos. In: Der Spiegel, 23. Jahrgang, Nr. 43, a.a.O., S. 65.

289 Ebd., S. 65.

290 Ebd., S. 67.

291 Hegerfors, Svisch! ..., a.a.O., S. 51.

292 Sture Hegerfors: Seriernas nya kvinna (Die neue Frau der Comics). In: thud 4, Stockholm 1969, S. 4–5.
Vgl. dazu Poul Malmkjaer: Jodelle og hendes verden (Jodelle und ihre Welt). In: Information, vom 26. 9., Kopenhagen 1966, ohne Seitenangaben.

293 Wonder Woman, No. 199 und 200, New York 1972.

294 Rose und die Rächerin. In: Superman und Batman, Nr. 17 und 25, Stuttgart 1971.

295 Marvel Tales, No. 39, New York 1972.

296 Magnus Knutsson: vad gör staalmannen med lois lane? och dom är inte ens gifta (Was macht Superman mit Lois Lane? und sie sind nicht mal verheiratet). In: thud 13, Stockholm 1971, S. 2–5.

297 Perry und Aldridge, a.a.O., S. 211.

298 Fuchs und Reitberger, a.a.O., S. 207.

299 Sture Hegerfors: Sex och Serier (Sex und Comics), Stockholm 1970, S. 7.

300 Ebd., S. 9.

301 Siehe dazu Pip International: Nr. 9, Zug 1972.

302 William H. Taft: Publishing. In: The American Peoples Encyclopedia Yearbook 69, New York 1969, S. 368.

303 Fuchs und Reitberger, a.a.O., S. 241.

304 Ohne Macke. In: Der Spiegel, 24. Jahrgang, Nr. 44, Hamburg 1970, S. 256.

305 Die Reporter. In: Comics 1, Weltbekannte Zeichenserien ..., a.a.O., S. 66–80.

306 Friday Foster. In: Comics 2, Weltbekannte Zeichenserien ..., a.a.O., S. 105–115.

307 Morrie Turner: Right On! New York 1971. Morrie Turner ist selbst Neger.

308 Fantomet, Nr. 18, Bagsvaerd 1972.

309 Green Lantern and Green Arrow, No Evil Shall Escape My Sight, New York 1972, S. 29–30. Der Monolog des alten Negers ist kaum zu übersetzen, da seine Sprache viel zur Stimmung der Szene beiträgt. Ich habe die Übersetzung des deutschen Heftes übernommen, das Original liest sich folgendermaßen: „I been readin' about you ... How you work for the **blue skins** ... And how on a planet someplace you helped out the **orange skins** ... and you done considerable for the **purple skins!** Only there's **skins** you never bothered with! ... The **black skins!** I want to know ... How **come?!** Answer me **that, Mr. Green Lantern!**"

310 Ebd., S. 74.

311 Axel Brück: Vorwort. In: Comics 1, Weltbekannte ..., a.a.O., S. 2.

312 Siehe dazu Perry und Aldridge: a.a.O., S. 168.

313 Zit. nach Th. Brehme: Der Einfluß der Massen-Media auf den Jugendlichen. In: Schule und Psychologie, 3. Jahrgang, Nr. 10, München/Basel 1956, S. 305.

314 Dr. Georg Schückler: Jugendgefährdung durch Comics! Köln-Klettenberg 1954, S. 8.

315 Robert Schilling: Literarischer Jugendschutz, Berlin/Neuwied/Darmstadt 1959, S. 87.

316 Perry und Aldridge: a.a.O., S. 170.

317 Robert Schilling: Literarischer Jugendschutz, a.a.O., S. 238–250.

318 Code of the Comics Magazine Association of America, Inc. Die Comics Magazine Association of America hat mir den Code auf Anfragen zugeschickt.

319 Ebd.

320 Code of the Comics Magazine Association of America, Provision relating to Narcotics Addition adopted by the Board of Directors on October 27, 1971. Die Zusatzbestimmungen wurden mir ebenfalls von der Comics Magazine Association of America zugeschickt.

321 Fuchs und Reitberger, a.a.O., S. 139.

322 Brief des Kauka-Verlages, 18. Jan. 1972.

323 McLuhan, a.a.O., S. 167.

324 Lupoff und Thompson: All in Color ..., a.a.O., S. 10.

325 McLuhan: a.a.O., S. 167.

326 Janne Lundström: en bra serie är bättre än en daalig bok (Ein guter Comic ist besser als ein schlechtes Buch). In: thud 3, Stockholm 1969, S. 3.

327 Hegerfors: Serier ..., a.a.O., S. 130–131.

328 Zit. nach: ebd., S. 131.

329 Zit. nach: ebd., S. 130.

330 Zit nach: Keine Angst vor der Micky-Maus! In: es, Nr. 5, Hamburg 1968, S. 47.
331 Zit. nach: ebd., S. 17.
332 Zit. nach: ebd., S. 47.
333 Comic Books, a.a.O., S. 3–4.
334 Haben Sie eigentlich etwas gegen Donald Duck? In: Eltern, Nr. 1, München 1970, S. 53.
335 Zit. nach: Keine Angst vor der Micky-Maus! a.a.O., S. 46.
336 Zit. nach: Patrick Carr, Can Comic Books Be Used in Education? In: Education Magazine, January 1958. Ein Abzug dieses Artikels wurde von der Comics Magazine Association of America zur Verfügung gestellt.
337 Dieser kleine Auszug aus der sehr umfangreichen Untersuchung gibt jedoch die Haupttendenz wieder.
338 Superhelte paa retur (Superhelden auf dem Rückzug). In: Samvirke, Nr. 22, Kopenhagen 1970, S. 29.
339 Magnus Knutsson: seriernas ställning (Stellung der Comics). In: thud 10, Stockholm 1970, S. 4.
340 Zit. nach ebd.: S. 5–6.
341 Zit. nach Pohl: a.a.O., S. 20.
342 Zit. nach ebd., S. 51.
343 Baumgärtner: Die Welt …, a.a.O., S. 91–92.
344 Dr. Georg Schückler: Jugendgefährdung …, a.a.O., S. 11.
345 Heiner Schmidt: Jugend und Buch in der Gefährdung von Comics und Kitsch. In: Unsere Volksschule, September, Jahrgang 1961/62, Stuttgart 1961, S. 261.
346 Ebd.: S. 262.
347 Schückler: a.a.O., S. 11.
348 A. C. Baumgärtner: Die Welt …, a.a.O., S. 97.
349 Ben Cusomano: Comics and Education. In: High Points, October 1957, S. 10–17. Der Artikel wurde von Comics Magazine Association of America, Inc. zur Verfügung gestellt.
350 Dr. W. W. Sones: What About The Comics? Juvenile Group Foundation, 1942. Auch dieser Artikel wurde von Comics Magazine Association of America, Inc. zur Verfügung gestellt.
351 Ebd., S. 386.
352 Lidman: bildning …, a.a.O., S. 35.
353 Schückler: a.a.O., S. 9.
354 Ebd., S. 9.
355 Zit. nach A. C. Baumgärtner: Die Welt …, a.a.O., S. 93.
356 Ebd., S. 93–94.
357 Pohl: a.a.O., S. 49.
358 Marietheres Doetsch: Comics und ihre jugendlichen Leser, Meisenheim am Glan 1958, S. 62.
359 Ebd., S. 88–89.

360 Lidman: a.a.O., S. 59.
361 Ebd., S. 61.
362 Zit. nach Magnus Knutsson: seriernas ställning ..., a.a.O., S. 6.
363 Otto Hesse-Quack: Die soziale und soziologische Bedeutsamkeit der Comic Strips. In: Comic Strips, Vom Geist der Superhelden. Berlin 1970, S. 66.
364 Lidman, a.a.O., S. 28–29.
365 Malte Dahrendorf: Donald Duck als Buhmann. In: Westermanns Pädagogische Beiträge. 23. Jahrgang, Nr. 2, Braunschweig 1971, S. 87.
366 Malte Dahrendorf: Umrisse gegenwartsbezogener literarischer Erziehung. In: Wozu Literatur in der Schule? (Hrsg. Alfred Clemens Baumgärtner und Malte Dahrendorf), Braunschweig 1970, S. 49.
367 Malte Dahrendorf: Thesen zur Reform des Literaturunterrichts. In: Jugendschriften-Warte, 24. Jahrgang, Nr. 10, Frankfurt a.M. 1972, S. 34.
368 Cusomano: a.a.O.
369 Malte Dahrendorf: Vorüberlegungen zu einer Didaktik der Comic Strips. In: Jugendschriften-Warte, 23. Jahrgang, Nr. 12, Frankfurt/M. 1971, S. 43.
370 Cusomano: a.a.O.
371 Malte Dahrendorf: Thesen zur Reform ..., a.a.O., S. 34.
372 Malte Dahrendorf: Vorüberlegungen ..., a.a.O., S. 43.
373 Malte Dahrendorf: Umrisse ..., a.a.O., S. 50.
374 Die Zitate werden unverändert angegeben.
375 Wolfgang Kempkes: Comics im Unterricht. Stundenprotokolle (II). In: Jugendschriften-Warte, 24. Jahrgang, Nr. 3, Frankfurt a.M. 1972, S. 11.
376 Ebd., S. 10–11.
377 Die methodische Vorüberlegung wird hier nicht aufgeführt, da die Versuchsbeschreibung den methodischen Teil wiedergibt.
378 Diese habe ich aus verschiedenen Zeitungen und Zeitschriften während der Vorbereitung für diese Arbeit gesammelt.
379 Tarzan, Herr des Dschungels, Nr. 129, Aachen 1972.
Bugs Bunny, Nr. 1, a.a.O.
Superman und Batman, Nr. 10, Stuttgart 1972.
primo, Nr. 4, Grünwald 1973.
Disneyland, Nr. 5, Stuttgart 1973.
380 Morris und Goscinny: Lucky Luke, Billy the Kid, Fix und Foxi Album, Nr. 2, Zug o. J.
Uderzo und Goscinny: Umpah-pah, Die tapfere Rothaut.
Zack Comic Box 2, Berlin und Hamburg 1972.
Uderzo und Goscinny: Asterix in Spanien, Band XIV, Stuttgart 1973.
Harold R. Foster: Prinz Eisenherz, Band 9, Der Kampf mit dem Bullen, Wien o. J.
Hergé: Tim und Struppi, Das Geheimnis der „Einhorn“, a.a.O.
381 Siehe Anhang, Anlage I, Angefertigte Tabelle zu Comics.
382 Siehe Comics 1, Weltbekannte ..., a.a.O., S. 81–86.
383 Siehe Comics 2, Weltbekannte ..., a.a.O., S. 38–41.

384 Siehe ebd., S. 116–120.
385 Siehe De gode gamle Comics 3 (Die guten alten Comics), Verdens bedste tegneserier, Kopenhagen 1972, S. 65–68.
386 Siehe Anhang, Anlage II und Anlage VI.
Siehe dazu auch: Ferd'nand, Kopenhagen 1972, ohne Seitenangaben.
387 Hegerfors: Serier ..., a.a.O., S. 21–23.
388 Siehe dazu Anlage II.
389 Siehe Anhang Anlage III.
390 primo, Nr. 2, Grünwald 1973, S. 9.
Siehe auch Anhang, Anlage IV.
391 primo, Nr. 1, Grünwald 1973, S. 11.
392 Siehe primo, Nr. 3 und 4, Grünwald 1973.
393 Hergé: Tim und Struppi, Die Zigarren des Pharaos, Reinbek 1972. Außer den achtzehn schon erwähnten Bändern sind „Tim in Amerika" und „Tim in der Haifischsse" erschienen, sie lagen zum Zeitpunkt der Unterrichtsreihe jedoch nicht vor.
394 Dr. Hansjörg Ostertag: Tim und Struppi – eine erfreuliche Comicserie. In: Schweizerische Lehrerzeitung, Nr. 43, 1972, Separatdruck, S. 1. Dieser Separatdruck wurde vom Carlsen Verlag, Reinbek zur Verfügung gestellt.
395 Interview mit Stan Lee. In: Progress Report 1, Berlin 1973, S. 34.
396 Dr. Ostertag: Tim und Struppi – eine erfreuliche Comicserie, a.a.O., S. 2.
397 Hergé: Im Reiche ..., a.a.O.
398 Dr. Ostertag: a.a.O., S. 3.
399 Zit. nach ebd., S. 3.
400 Umberto Eco: Vorsichtige Annäherung an einen anderen Code. In: Das Mädchen aus der Volkskommune. Chinesische Comics, Reinbek 1972, S. 321.
401 Ebd., S. 321.
402 Ebd., S. 322.
403 Dr. Ostertag: a.a.O., S. 5.
404 Zit. nach ebd., S. 6.
405 Ebd., S. 2.
406 Hergé: Die Zigarren ..., a.a.O.
407 Dr. Ostertag: a.a.O., S. 7.
408 Ebd., S. 7.
409 Anhang, Anlage V, Arbeitsbogen zum Gruppenunterricht.
410 Siehe Anhang, Anlage VI, Der Comic „Ferd'nand" (Ohrenbetäubende Stille). Ferd'nand, a.a.O.
411 Siehe dazu Sigurd: Schatten über Hohenstein. Nr. 1, Hannover o. J.
412 Siehe dazu Falk: Der Bannkreis. Nr. 2 (Piccolo), Hannover o. J.
413 Zit. nach Riha: a.a.O., S. 5.
414 Winsor McCay: Little Nemo 1906, Darmstadt 1972.
415 E. C. Segar: Popeye der Seemann. Darmstadt 1972.
416 Das große Tarzan-Buch 2. Alsdorf 1972.

8. Anhang

Anlage I: Angefertigte Tabelle zu Comics

	Witz-Comics	Abenteuer-Comics	Erscheinungsweise d. Comics
Merkmale der Comics	lustig	spannend	täglich (Zeitungen)
	witzig	abenteuerlich	wöchentlich (Illustrierte, Comic-Hefte)
	phantasievoll	aufregend	monatlich (Comic-Hfte)
	wirklich	gewaltsam	unregelmäßig (Comic-Hefte)
	unwirklich	unterhaltsam	
	übertrieben	gefahrvoll	
	besondere Zeichen	brutal	
		gruselig	
		utopisch, unwirklich	
		realistisch	
		besondere Zeichen	
Comic-Figuren	Peanuts	Superman	
	Micky Maus	Batman	
	Donald Duck	Bessy	
	Alfredo	Tarzan	
	Asterix		

Anlage II: Der Comic „Ferd'nand“ (Ein Hundeleben)

Anlage III: Der Comic „Die Peanuts“

Anlage IV: Der Comic „Manos Kelly“

Anlage V: Arbeitsbogen zum Gruppenunterricht

Tim und Struppi

Titel:

Schreibe alle Figuren auf, die sich in den Abenteuern äußern!

Hauptrollen	Nebenrollen

Schreibe alle Schauplätze auf, die in den Abenteuern erwähnt werden (Ortsnamen, Städtenamen, Ländernamen) Berge, Seen, Meere und andere geographische Namen)!

Anlage VI: Der Comic „Ferd’nand“ (Ohrenbetäubende Stille)

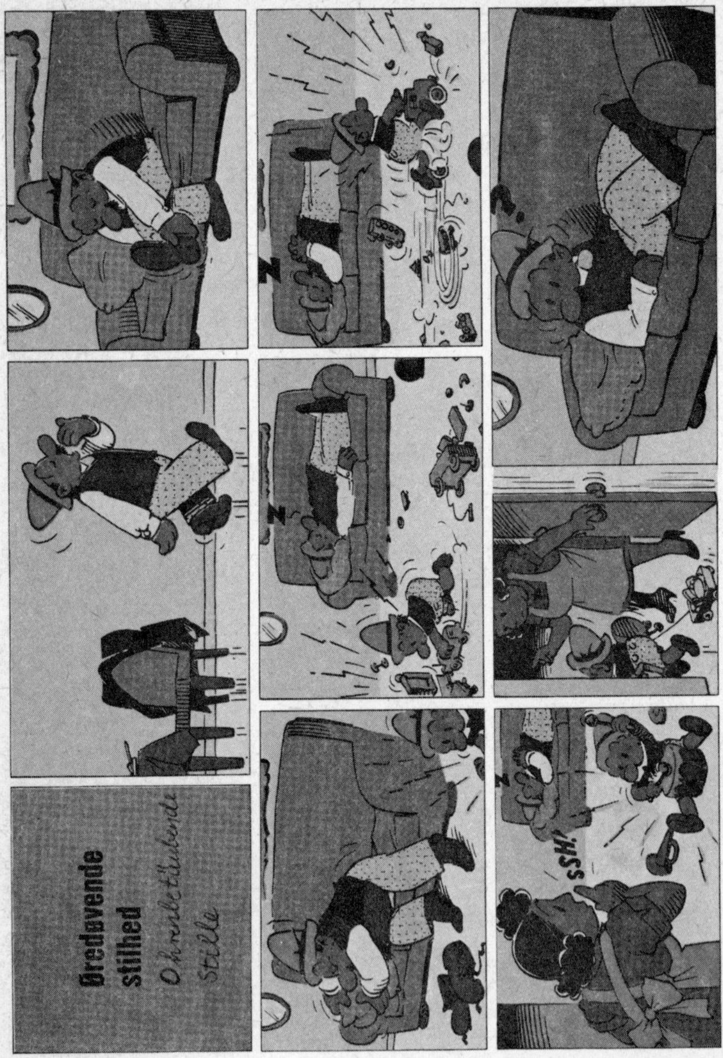

Anlage VII: Der Comic „Prinz Eisenherz“

Prinz Eisenherz
IN DEN TAGEN KÖNIG ARTHURS
VON HAROLD FOSTER
TRISTAN SITZT SOFORT AUF.
DIE NÄCHSTEN MINUTEN WERDEN EISENHERZ ENTWEDER EINE VERNICHTENDE NIEDERLAGE ODER DIE AUSSICHT AUF DIE RITTERWÜRDE BRINGEN.
"DIESER UNBEKANNTE RITTER HAT MEHR MUT ALS VERSTAND", SAGT DER KÖNIG. "FINDET HERAUS, WER ES IST, UND OB ER SIEGT ODER VERLIERT, BRINGT IHN HER ZU MIR."
DER TRICK MIT DEM SCHRÄGGEHALTENEN SCHILD LENKT TRISTANZ LANZE AB, ABER SEINE EIGENE IST BEI DEM AUFPRALL ZERSPLITTERT.
ES TRITT EINE PEINLICHE PAUSE EIN, DANN GIBT ES GELÄCHTER BEI DEN ZUSCHAUERN, DENN SIE ERKENNEN, DASS DER UNBEKANNTE RITTER NUR EINE EINZIGE LANZE BESITZT.
DOCH HERR GAWAIN, DER ERRATEN HAT, WER DER WEISSE RITTER IST, SAGT: "ERWEIST MIR DIE EHRE, UND NEHMT MEINE", UND FLÜSTERND SETZT ER HINZU: "DU BEHERZTER DUMMKOPF."
TRISTAN LÄCHELT NICHT MEHR. "BRINGT MIR MEINE HÄRTESTE LANZE", BEFIELT ER. "DIESER NAMENLOSE NEULING SCHLÄGT WIE DER BLITZ DREIN."
HAL FOSTER
TROMPETEN ERKLINGEN UND WIEDER WIRD DAS ZEICHEN GEGEBEN.
AMURATH
THAGNAR
LAUNCELOT
SIR GAWAIN
PRINCE VALIANT
KING ARTHUR
QUEEN GUINEVERE
WISE MERLIN
MORGAN LE FEY
RAMUD

Prinz Eisenherz
IN DEN TAGEN KÖNIG ARTHURS
von HAROLD FOSTER
ZUM ZWEITEN MAL SPRENGEN DER KÜHNE JUNGE PRINZ UND DER GEWALTIGE RITTER AUFEINANDER ZU.
TRISTAN IST SCHON FAST AUS DEM SATTEL GEHOBEN, ALS EISENHERZ' LANZE ZERSPLITTERT – ABER SEINE HARTE LANZE HÄLT, UND EISENHERZ UND SEIN PFERD GEHEN ZU BODEN.
BEI DEM STURZ VERLIERT EISENHERZ DEN HELM, UND NUN WISSEN ALLE, WER DER WEISSE RITTER IST.
HÖHNISCH LACHEN DIE ANDEREN KNAPPEN, ALS SIE EISENHERZ ERKENNEN.
BENOMMEN VERLÄSST EISENHERZ UNTER DONNERNDEM BEIFALL DEN TURNIERPLATZ.
"MÖGE ICH NIE WIEDER DIESEM JUNGEN HITZKOPF GEGENÜBERTRETEN MÜSSEN. MIR TUT ALLES NOCH WEH VON SEINEN SCHLÄGEN."
"NA, DAS WAR JA DER JUNGE PRINZ EISENHERZ, DER FAST DEN GEWALTIGEN TRISTAN AUS DEM SATTEL GEWORFEN HÄTTE." RUFT DER KÖNIG AUS. "BRINGT IHN ZU MIR."
ABER EISENHERZ HAT NUR DEN SPOTT DER KNAPPEN GEHÖRT UND GLAUBT, ALLE ANWESENDEN LACHEN ÜBER SEINE VERMESSENHEIT. STILL UND HEIMLICH VERLÄSST ER CAERLEON.
AMURATH
THAGNAR
LAUNCELOT
SIR GAWAIN
PRINCE VALIANT
KING ARTHUR
QUEEN GUINEVERE
WISE MERLIN
MORGAN LE FEY
RAMUD

9. Literaturverzeichnis

A. Liste der für diese Arbeit herangezogenen Comics

Berühmte Geschichten. Nr. 5. Peter Pan. Bergisch Gladbach o. J.
Berühmte Geschichten. Nr. 12. Ein Sohn der Sonne. Bergisch Gladbach o. J.
Blitz Gordon. Nr. 1. Aachen o. J.
Blitz Gordon. Nr. 4. Aachen 1968.
Blitz Gordon. Nr. 5. Aachen 1968.
Buffalo Bill. Nr. 198. Bergisch Gladbach 1970.
Buffalo Bill. Nr. 200. Bergisch Gladbach 1970.
Bugs Bunny. Nr. 1. Hamburg 1972.
Comics 1. Verdens bedste tegneserier. Kopenhagen 1970.
Comics 2. Verdens bedste tegneserier. Kopenhagen 1971.
Comics 3. De gode gamle, Verdens bedste tegneserier. Kopenhagen 1972.
Comics 1. Weltbekannte Zeichenserien. Reinbek 1971.
Comics 2. Weltbekannte Zeichenserien. Reinbek 1972.
Detective Comics. No. 428. New York 1972.
Disneyland. Nr. 5. Stuttgart 1973.
Eltern Extrazeitung für Kinder. Nr. 6. Hamburg 1971.
Eltern Extrazeitung für Kinder. Nr. 7. Hamburg 1971.
Eltern Extrazeitung für Kinder. Nr. 8. Hamburg 1971.
Eltern Extrazeitung für Kinder. Nr. 9. Hamburg 1971.
Eltern Extrazeitung für Kinder. Nr. 10. Hamburg 1971.
Eltern Extrazeitung für Kinder. Nr. 11. Hamburg 1971.
Eltern Extrazeitung für Kinder. Nr. 12. Hamburg 1971.
Falk: Der Bannkreis. Nr. 2 (Piccolo). Hannover o. J.
Familie Feuerstein: Nr. 30, Hamburg o. J.
Familie Feuerstein und Kumpane. Frankfurt a. M. o. J.
Fantstischen Vier, Die. In: Hit Comics. Nr. 231. Aachen 1971.
Fantomet Annual. Kopenhagen o. J.
Fantomet. Nr. 18. Bagsvärd 1972.
Felix. Nr. 617. Bergisch Gladbach o. J.
Felix. Nr. 675, Bergisch Gladbach o. J.
Felix Extra. Sonderband Nr. 3. Bergisch Gladbach o. J.
Ferd'nand. Kopenhagen 1972.
Fix und Foxi Extra. Nr. 8. Lucky Luke. Grünwald 1970.
Foster, Harold R.: Prinz Eisenherz. Band I, In den Tagen König Arthurs. Frankfurt a. M. 1971.

Foster, Harold R.: Prinz Eisenherz, Band II. Kämpft gegen die Hunnen. Darmstadt 1972.
Foster, Harold R.: Prinz Eisenherz. Band 17. Düsseldorf 1966.
Foster, Harold R.: Prinz Eisenherz, Band 1. Wien o. J.
Foster, Harold R.: Prinz Eisenherz. Band 2. Wien o. J.
Foster, Harold R.: Prinz Eisenherz. Band 3. Wien o. J.
Foster, Harold R.: Prinz Eisenherz. Band 4. Wien o. J.
Foster, Harold R.: Prinz Eisenherz. Band 9. Wien o. J.
Foster, Harold R.: Prinz Eisenherz. In: primo Comic. Nr. 4–9. Grünwald 1972.
Goscinny und Uderzo: Asterix der Gallier. Band I. Stuttgart 1968.
Goscinny und Uderzo: Asterix und Kleopatra. Band II. Stuttgart 1968.
Goscinny und Uderzo: Asterix als Gladiator. Band III. Stuttgart 1969.
Goscinny und Uderzo: Der Kampf der Häuptlinge. Band IV. Stuttgart 1969.
Goscinny und Uderzo: Die goldene Sichel. Band V. Stuttgart 1970.
Goscinny und Uderzo: Tour de France. Band VI. Stuttgart 1970.
Goscinny und Uderzo: Asterix und die Goten. Band VII. Stuttgart 1970.
Goscinny und Uderzo: Asterix bei den Briten. Band VIII. Stuttgart 1971.
Goscinny und Uderzo: Asterix und die Normannen. Band IX. Stuttgart 1971.
Goscinny und Uderzo: Asterix als Legionär. Band X. Stuttgart 1971.
Goscinny und Uderzo: Asterix und der Arnernerschild. Band XI. Stuttgart 1972.
Goscinny und Uderzo: Asterix bei den Olympischen Spielen. Band XII. Stuttgart 1972.
Goscinny und Uderzo: Asterix und der Kupferkessel. Band XIII. Stuttgart 1972.
Goscinny und Uderzo: Asterix in Spanien. Band XIV. Stuttgart 1973.
Goscinny und Uderzo: Umpah-pah. Die tapfere Rothaut. Zack Comic-Box 2. Berlin und Hamburg 1972.
Goscinny und Uderzo: Umpah-pah. In: Zack. Nr. 17. Berlin und Hamburg 1972.
Green Lantern and Green Arrow: No Evil Shall Escape My Sight. New York 1972.
Green Lantern and Green Arrow: SOS-Green Lantern. New York 1972.
Green Lantern and Green Arrow: In: Flash, No. 218. New York 1972.
Grüne Laterne und Grüner Pfeil. In: Top Comics. Nr. 117. Aachen 1972.
Hart, Johnny: Hey! B. C. London 1971.
Hergé: Tim und Struppi. Die Zigarren des Pharaos. Reinbek 1972.
Hergé: Tim und Struppi. Der Arumbaya-Fetisch. Reinbek 1973.
Hergé: Tim und Struppi. Die Schwarze Insel. Reinbek 1969².
Hergé: Tim und Struppi. König Ottokars Zepter. Reinbek 1967.
Hergé: Tim und Struppi. Die Krabbe mit den Goldenen Scheren. Reinbek 1967.
Hergé: Tim und Struppi. Der Geheimnisvolle Stern. Reinbek 1972.
Hergé: Tim und Struppi. Das Geheimnis der „Einhorn". Reinbek 1971.

Hergé: Tim und Struppi. Der Schatz des Rackhams des Roten. Reinbek 1971.
Hergé: Tim und Struppi. Die Sieben Kristallkugeln. Reinbek 1970.
Hergé: Tim und Struppi. Der Sonnentempel. Reinbek 1971².
Hergé: Tim und Struppi. Im Reiche des Schwarzen Goldes. Reinbek 1967.
Hergé: Tim und Struppi. Reiseziel Mond. Reinbek 1967.
Hergé: Tim und Struppi. Schritte auf dem Mond. Reinbek 1967.
Hergé: Tim und Struppi. Der Fall Bienlein. Reinbek 1969².
Hergé: Tim und Struppi. Kohle an Bord. Reinbek 1970.
Hergé: Tim und Struppi. Tim in Tibet. Reinbek 1967.
Hergé: Tim und Struppi. Die Juwelen der Sängerin. Reinbek 1970.
Hergé: Tim und Struppi. Flug 714 nach Sydney. Reinbek 1969.
Illustrierte Klassiker. Nr. 41. Robin Hood. Aachen o. J.
Illustrierte Klassiker. Nr. 111. Taras Bulba, der Kosakenführer. Aachen o. J.
Jerry Spring. Nr. 2. Bergisch Gladbach o. J.
Die Jetsons: Nr. 1. Hamburg 1971.
Johnny Hazard. In: Phantom. Nr. 10. Aachen 1967.
Johnny Hazard. In: Phantom. Nr. 17. Aachen 1968.
Korsar, Der Rote. Nr. 14. Bergisch Gladbach 1971.
Lasso. Nr. 199. Bergisch Gladbach 1970.
Mandra. Nr. 1. Aachen 1967.
Mandra. Nr. 2. Aachen 1967.
Mandra. Nr. 3. Aachen 1967.
Mandra. Nr. 4. Aachen 1968.
Mandra. Nr. 5. Aachen 1968.
Mandra. Nr. 6. Aachen 1968.
Manning, Russ: Tarzan. Sohn der Affen. Nr. 114. Aachen 1972.
Manning, Russ: Tarzan. Sohn der Affen. Nr. 115. Aachen 1972.
Manning, Russ: Tarzan. Sohn der Affen. Nr. 117. Aachen 1972.
Marvel's Greatest Comics. Nr. 36, New York 1972.
Marvel's Greatest Comics. Nr. 39. New York 1972.
Marvel Tales, Nr. 39. New York 1972.
McCay, Winsor: Little Nemo 1906, Darmstadt 1972.
Morris: Lucky Luke. Die Daltons spielen falsch. FF-Super, Nr. 51, Grünwald 1971.
Morris und Goscinny: Lucky Luke, Billy the Kid, Fix und Foxi Album, Nr. 2, Zug o. J.
Mumin: Die Abenteuer einer liebenswerten Tierfamilie. In: Super. Sonderheft Nr. 6. München 1972.
MV Comix. Nr. 20. Stuttgart 1971.
MV Comix. Nr. 26. Stuttgart 1971.
Nizar. Nr. 3. ohne Angaben.
Perry. Nr. 1. München 1968.
Perry. Nr. 2. München 1968.
Perry: Nr. 3. München 1968.
Perry: Nr. 51. München o. J.

Perry: Nr. 59, München o. J.
Perry Rhodan im Bild. Nr. 2. München 1967.
Perry Rhodan im Bild. Nr. 5. München 1967.
Peyo und Delporte. Der große Schlumpf. Fix und Foxi Album. Nr. 3. Grünwald o. J.
Phantom. Der wandelnde Geist. In: Super, Sonderheft Nr. 8, München 1972.
Phantom, Das: Nr. 9. Aachen 1967.
Phantom, Das: Nr. 10. Aachen 1967.
Phantom, Das : Nr. 17. Aachen 1968.
Phantom, Das: Nr. 19, Aachen 1968.
Phantom, Das: Nr. 22. Aachen 1968.
Phantom, Das: Nr. 26, Aachen 1968.
Pip International. Nr. 9. Zug 1972.
Porky, Nr. 1. Hamburg 1972.
primo Comic. Nr. 14. Grünwald 1971.
primo Comic. Nr. 15. Grünwald 1971.
primo Comic. Nr. 16. Grünwald 1971.
primo Comic. Nr. 17. Grünwald 1971.
primo Comic. Nr. 18. Grünwald 1971.
primo Comic. Nr. 19. Grünwald 1971.
primo Comic. Nr. 20. Grünwald 1971.
primo Comic. Nr. 22. Grünwald 1971.
primo Comic. Nr. 23, Grünwald 1971.
primo Comic. Nr. 24. Grünwald 1971.
primo Comic. Nr. 25, Grünwald 1971.
primo Comic. Nr. 26. Grünwald 1971.
primo Comic. Nr. 27, Grünwald 1971.
primo Comic. Nr. 28, Grünwald 1971.
primo Comic. Nr. 29, Grünwald 1971.
primo Comic. Nr. 30. Grünwald 1971.
primo Comic. Nr. 31. Grünwald 1971.
primo Comic. Nr. 32. Grünwald 1971.
primo Comic. Nr. 33. Grünwald 1971.
primo Comic. Nr. 1. Grünwald 1972.
primo Comic. Nr. 2. Grünwald 1972.
primo Comic. Nr. 3. Grünwald 1972.
primo Comic. Nr. 4. Grünwald 1972.
primo Comic. Nr. 5. Grünwald 1972.
primo Comic. Nr. 6. Grünwald 1972.
primo Comic. Nr. 7. Grünwald 1972.
primo Comic. Nr. 8. Grünwald 1972.
primo, Nr. 1, Grünwald 1973.
primo, Nr. 2, Grünwald 1973.
primo, Nr. 4, Grünwald 1973.
Rauchende Colts. Nr. 12. Aachen 1970.

Rauchende Colts. Nr. 15. Aachen 1970.
Raymond, Alex: Flash Gordon. München 1972.
Rose und die Rächerin. In: Superman und Batman. Nr. 17. Stuttgart 1971.
Rose und die Rächerin. In: Superman und Batman. Nr. 25, Stuttgart 1971.
Ryan, Tom K.: Tumbleweeds. Greenwich, Conn. 1971.
Schmidt, Manfred: Nick Knatterton. Oldenburg und Hannover 1971².
Schulz, Charles M.: We're On Your Side, Charlie Brown. London 1969.
Schulz, Charles M.: Fun With Peanuts. London 1969.
Schulz, Charles M.: You've Done It Again. Charlie Brown. London 1971.
Segar, E. C.: Popeye der Seemann, Darmstadt 1972.
Sigurd: Schatten über Hohenstein. Nr. 1. Hannover o. J.
Sigurd. Nr. 5. Hannover o. J.
Silberpfeil. Nr. 84. Bergisch Gladbach 1968.
Skipper Skräk. Nr. 28. Kopenhagen 1957.
Smythe, Reg., Andy Capp, Nr. 23, London 1969.
Smythe, Reg., Andy Capp, Nr. 24, London 1970.
Spinne, Die: In: Hit Comics. Nr. 231, Aachen 1972.
Spinne, Die. In: Hit Comics. Nr. 233, Aachen 1972.
Spinne, Die. In: Hit Comics. Nr. 234, Aachen 1972.
Superman. Nr. 2. Stuttgart 1966.
Superman. Nr. 4. Stuttgart 1966.
Superman und Batman. Nr. 15. Stuttgart 1967.
Superman und Batman. Nr. 17. Stuttgart 1968.
Superman und Batman. Nr. 18, Stuttgart 1968.
Superman und Batman. Nr. 17. Stuttgart 1971.
Superman und Batman. Nr. 19. Stuttgart 1971.
Superman und Batman. Nr. 5. Stuttgart 1972.
Superman und Batman. Nr. 10, Stuttgart 1972.
Superman, No. 251. New York 1972.
Superman and Green Arrow. In: World's Finest Comics. No. 210 New York 1972.
Tarzan. Herr des Dschungels. Nr. 129. Aachen 1972.
Tarzan-Buch, Das große. Aachen 1971.
Tarzan-Buch 2, Das große. Alsdorf 1972.
Tarzan, Comic-Großalbum. Nr. 11. Aachen 1971.
Tarzan, Comic-Großalbum. Nr. 12. Aachen 1972.
Tarzan Comic-Großalbum. Nr. 13. Aachen 1972.
Tarzan-Taschenbuch. Nr. 1. Aachen 1971.
Tarzan-Taschenbuch. Nr. 2. Aachen 1971.
Tegneserier. Ude og Hjemme. Nr. 1. Kopenhagen 1973.
Tegneserier. Ude og Hjemme. Nr. 2. Kopenhagen 1973.
Tegneserier. Ude og Hjemme. Nr. 3. Kopenhagen 1973.
Tegneserier. Ude og Hjemme. Nr. 4. Kopenhagen 1973.
Thor, Der mächtige. In: Hit Comics. Nr. 205. Aachen 1971.
Tibor. Nr. 4. Hannover o. J.

Tibor. Nr. 5. Hannover o. J.
Turner, Morrie. Right On! New York 1971.
Turok, Sohn der Steinzeit. Nr. 11, Aachen 1968.
Turok, Sohn der Steinzeit. Nr. 17, Aachen 1968.
Ulf. Nr. 2. Berlin o. J.
Wonder Woman, No. 199. New York 1972.
Wonder Woman. No. 200. New York 1972.
World's Finest Comics. No. 210, New York 1972.
Zack, Nr. 17. Berlin und Hamburg 1972.
Zack. Nr. 18. Berlin und Hamburg 1972.
Zack. Nr. 19. Berlin und Hamburg 1972.
Zack. Nr. 20. Berlin und Hamburg 1972.
Zack. Nr. 21. Berlin und Hamburg 1972.
Zack. Nr. 22. Berlin und Hamburg 1972.
Zack. Nr. 23. Berlin und Hamburg 1972.

Folgende Comic-Verlage haben kostenlos Comics zur Verfügung gestellt:

Der Bastei Verlag in Bergisch Gladbach
Der Bildschriftenverlag in Alsdorf
Der Kauka Verlag in Grünwald
Der Erich Pohl Verlag in Rastatt

B. Liste der für diese Arbeit herangezogenen Sekundärliteratur

Andresen, Albert: Charles Dickens's Levned. Kopenhagen 1889.
Animated Cartoons. Information Service. New York 1971.
Asimov, Isaac: Plädoyer für Science-fiction. In: Der Spiegel. Nr. 11, 26. Jahrgang, Hamburg 1972.
A sudden superbatmad looniness. In: Life International. No. 10. Vol. 40, New York 1966.
Baumgärtner, Alfred Clemens: Die Welt der Comics. Bochum 1965.
Brehme, Th.: Der Einfluß der Massen-Media auf den Jugendlichen. In: Schule und Psychologie. Nr. 10. 3. Jahrgang. München/Basel 1956.
Brief des Carlsen Verlag vom 11. Februar 1973.
Brief des Kauka-Verlages vom 18. Januar 1972.
Carr, Patrick: Can Comics Be Used in Education? In: Education Magazine. January 1958.
Carroll, Lewis: Alice's Adventures in Wonderland and Through the Looking Glass. Harmondsworth. Middlesex 1962.
Christensen, Charlotte: Pop-Kunst. In: Oplysningsforbundenes kunsttilläg. Nr. 48. Kopenhagen o. J.
Clarke, Gerald: The Comics On The Couch. In: Time Atlantic. No. 24, Vol. 98, New York 1971.

Code of the Comics Magazine Association of America, Inc.
Code of the Comics Magazine Association of America, Provision relating to Narcotics Addition adopted by the Board of Directors on October 27, 1971.
Comic Books, Information Service. New York 1971.
Cusomano, Ben: Comics and Education. In: High Points, October 1957.
Dahlqvist, Bengt: Jack Kirby. In: thud 13, Stockholm 1971.
Dahlqvist, Bengt: Steranko. In: thud 13, Stockholm 1971.
Dahrendorf, Malte: Umrisse gegenwartsbezogener literarischer Erziehung. In: Wozu Literatur in der Schule (Hrsg. Alfred Clemens Baumgärtner und Malte Dahrendorf), Braunschweig 1970.
Dahrendorf, Malte: Donald Duck als Buhmann. In: Westermanns Pädagogische Beiträge, Nr. 2, 23. Jahrgang, Braunschweig 1971.
Dahrendorf, Malte: Vorüberlegungen zu einer Didaktik der Comic Strips. In: Jugendschriften-Warte, Nr. 12, 23. Jahrgang, Frankfurt a. M. 1971
Dahrendorf, Malte: Thesen zur Reform des Literaturunterrichts. In: Jugendschriften-Warte, Nr. 10, 24. Jahrgang, Frankfurt a. M. 1972.
„Die Kunst vom Montag ist am Dienstag vergessen". In: Der Spiegel, Nr. 47, 21. Jahrgang, Hamburg 1967.
Doetsch, Marietheres: Comics und ihre jugendlichen Leser. Meisenheim am Glan 1958.
Eco, Umberto: Vorsichtige Annäherung an einen anderen Code. In: Das Mädchen aus der Volkskommune, Chinesische Comics, Reinbek 1972.
Eine Hyäne mit dem Kopf Spiro Agnews. In: Der Spiegel. Nr. 33. 24. Jahrgang, Hamburg 1970.
Extinction of the Longhorn. In: Time Atlantic, No. 13, Vol. 91, New York 1968.
Fellini und die Comics. In: Film, Nr. 2, 4. Jahrgang, Velber bei Hannover 1966.
Fromsejer, Poul Henning: Radiserne. In: Vestkysten, 29. Dezember, Esbjerg 1970.
Fuchs, Wolfgang J. und Reinhold C. Reitberger: Comics, Anatomie eines Massenmediums. München 1971.
Gans, Grobian: Die Ducks. Psychogramm einer Sippe. Reinbek 1972.
Gnom von Gallien. In: Der Spiegel. Nr. 47. 20. Jahrgang, Hamburg 1966.
Good Grief. In: Time Atlantic. April 9, New York 1965.
Haben Sie eigentlich etwas gegen Donald Duck? In: Eltern, Nr. 1, München 1970.
Hang zur Brutalität. In: Der Spiegel. Nr. 33. 22. Jahrgang. Hamburg 1968.
Hegerfors, Sture: Svisch! Pow! Sock! Seriernas fantastika värld, Lund 1966.
Hegerfors, Sture: Serier och serietecknare. Stockholm 1969.
Hegerfors, Sture: Seriernas nya kvinna. In: thud 4, Stockholm 1969.
Hegerfors, Sture: Sex och Serier. Stockholm 1970.
Hergerfors, Sture: Mumin wa suki. In: thud 13, Stockholm 1971.
Hegerfors, Sture: Adamson 71. In: thud 15, Stockholm 1972.

Hell, L.: Comics. In: Jugendschriften-Warte, Nr. 5, 24. Jahrgang, Frankfurt a. M. 1972.
Hesse-Quack, Otto: Die soziale und soziologische Bedeutsamkeit der Comic Strips. In: Comic Strips. Vom Geist der Superhelden. Berlin 1970.
Hürlimann, Bettina: Europäische Kinderbücher in drei Jahrhunderten. Zürich und Freiburg im Breisgau 1959.
Interview mit Stan Lee. In: Progress Report 1, Berlin 1973.
Jünger Maos. In: Der Spiegel. Nr. 43, 23. Jahrgang, Hamburg 1969.
Keine Angst vor der Micky Maus! In: es. Nr. 5, Hamburg 1968.
Kempkes, Wolfgang: Bibliographie der internationalen Literatur über „Comics". München-Pullach 1970.
Kempkes, Wolfgang: Comics im Unterricht – Stundenprotokolle (II). In: Jugendschriften-Warte, Nr. 3, 24. Jahrgang, Frankfurt a. M. 1972.
Kirkeby, Per: Tegneserier. In: Oplysningsforbundenes kunsttilläg. Nr. 52. Kopenhagen o. J.
Knutsson, Magnus: apropaa giftskap. In: thud 2, Stockholm 1968.
Knutsson, Magnus: seriernas ställning. In: thud 10. Stockholm 1970.
Knutsson, Magnus: tankar om comix. In: thud 12, Stockholm 1971.
Knutsson, Magnus: vad gör staalmannen med lois laine? och dom är inte ens gifta. In: thud 13, Stockholm 1971.
Knutsson, Magnus: Begreppet serier. In: thud 15, Stockholm 1972.
Köhler, Otto: Mächtig Stark. In: Der Spiegel. Nr. 38. 23. Jahrgang, Hamburg 1969.
Lidman, Sven: bildning i bildaaldern. Lund 1966.
Liller Kriegsbilderbogen. Nummer 21. Lille, den 16. Februar 1916. In: Liller Kriegszeitung, Eine Auslese aus Nummer 1–40 (Hrsg. Hauptmann d. L. Hoecker und Rittmeister a. d. Frh. von Ompteda), Berlin/Leipzig/Wien o. J.
Lundström, Janne: en bra serie är bättre än en daalig bok. In: thud 3, Stockholm 1969.
Lundström, Janne: Dan Barry. In: thud 13, Stockholm 1971.
Lupoff, Dick und Don Thompson: All in Color for a Dime. New York 1970.
Malmkjär, Poul: Jodelle og hendes verden. In: Information vom 26. September, Kopenhagen 1966.
Materleiter, Susanne: Tausende von kleinen Tims starten aus Brüssel ins Kino. In: NRZ, vom 13. Dezember, Essen 1971.
McLuhan, Marshall: Die magischen Kanäle. Understanding Media, Hamburg/Frankfurt a. M. 1970.
Metken, Günter: Comics. Hamburg/Frankfurt a. M. 1970.
Mythos von Micky. In: Der Spiegel. Nr. 51. 21. Jahrgang, Hamburg 1967.
Noelle, Elisabeth: Umfragen in der Massengesellschaft, Einführung in die Methoden der Demoskopie. Reinbek 1963.
Ohne Macke. In: Der Spiegel. Nr. 44, Hamburg 1970.
Ostertag, Hansjörg: Tim und Struppi – eine erfreuliche Comicserie. In: Schweizerische Lehrerzeitung, Nr. 43, 1972, Separatdruck.

Panel I, (Hrsg. Wolfgang J. Fuchs und Reinhold C. Reitberger), Comics Literatur Film Fernsehen, München 1972.

Perry, Georg und Alan Aldridge: The Penguin Book of Comics, Harmondsworth, Middlesex 1971 (Revised Edition).

Phantom unter Palmen. In: Der Spiegel. Nr. 10, 19. Jahrgang, Hamburg 1965.

Pohl, Ulrich: Von Max und Moritz bis Fix und Foxi, Wiesbaden 1970.

Profound Mouse. In: Time Capsule/1933. New York 1967.

Rasmussen, Björn: Filmens Hvem Hvad Hvor. Band 5. Verdens bedste film, Kopenhagen 1970.

Ribe, Göran: Samhällssynen i Kalle Anka. In: thud 15, Stockholm 1972.

Riha, Karl: Zok, roarr, wumm. Zur Geschichte der Comics-Literatur. Steinbach/Gießen 1970.

Runkel, Ulrich: Am liebsten macht Obelix jeden Tag einige Römer fertig. In: NRZ, vom 15. Mai, Essen 1971.

Scheer, K.-H. und Clark Dalton: Perry Rhodan, der Erbe des Universums, Nr. 179, München 1969.

Schilling, Robert: Literarischer Jugendschutz, Berlin/Neuwied/Darmstadt 1959.

Schmidt, Heiner: Jugend und Buch in der Gefährdung von Comics und Kitsch. In: Unsere Volksschule. September, Jahrgang 1961/62, Stuttgart 1961.

Schoop, Gaby: Zu Gast bei Comic-Kauka. In: NRZ vom 20. Februar, Essen 1972.

Schückler, Georg: Jugendgefährdung durch Comics! Köln-Klettenberg 1954.

Sones, Dr. W. W.: What About The Comics? Juvenile Group Foundation 1942.

Superhelte paa retur. In: Samvirke, Nr. 22, Kopenhagen 1970.

Taft, William H.: Publishing. In: The American Peoples Encyclopedia Yearbook 69, New York 1969.

Thompson on „Fantasia“. In: Time Capsule/1950, New York 1968.

Thorndike, Robert L.: Comic Magazines as an Aid to Vocabulary Building, Juvenile Group Foundation 1942.

thud 10, Stockholm 1970.

Tintin dör med mig. In: Billed Bladet. Nr. 26, Kopenhagen 1971.

Too Harsh in Putting Down Evil. In: Time Atlantic, Nr. 26, Vol. 91, New York 1968.

Ulf G.: Seriös svensk serieinteresse. In: Vestkysten. 4. Juni, Esbjerg 1971.

Wenz, Gustav: Die Kunst des Lesens und die Comics. In: Unsere Volksschule. November, Jahrgang 1961/62, Stuttgart 1961.

Zyniker auf der Hundehütte. In: Der Spiegel. Nr. 45, 26. Jahrgang, Hamburg 1972.

Folgende Personen, Organisationen und Verlage haben durch Rat, Information und Material bei der Abfassung dieser Arbeit geholfen:

- Der Carlsen Verlag, Reinbek
- Comics Magazine Association of America, Inc., New York
- Herr Leonard Darvin, Administrator der Code Authority der Comic Magazine Association of America. Inc., New York
- Herr Sture Hegerfors, Präsident der Svenska Serieakademin, Göteborg
- Der Kauka Verlag, Grünwald
- Seriefrämjandet, Stockholm